Abenteurer Gottes

clv

Dave und Neta Jackson

Florence Nightingale

Die Schlacht des Trommlers

dlv

Christliche
Literatur-Verbreitung e.V.
Postfach 11 01 35 · 33661 Bielefeld

1. Auflage 2000

Originaltitel: The Drummer Boy's Battle
© 1997 by Dave und Neta Jackson

© der deutschen Ausgabe 2000 by CLV
Christliche Literatur-Verbreitung
Postfach 11 01 35 · 33661 Bielefeld

Übersetzung: G. Erkens
Umschlag: Dieter Otten, Gummersbach
Satz: CLV
Druck und Bindung: Ebner Ulm

ISBN 3-89397-435-0

Inhalt

Vorwort

Die Figur des Robbie Robinson beruht auf einer wahren Persönlichkeit, nämlich einem Trommlerjungen, der bei der Schlacht von Alma seine Hand verlor. Er beschreibt sich selbst als Miss Nightingales »Rechte Hand« und er hat damals gelobt, sein privates und sein militärisches Leben ganz in den Dienst von Florence Nightingale zu stellen. Er beförderte ihre Briefe und Botschaften, begleitete sie, wenn sie vom Barracks-Krankenhaus zum Städtischen Krankenhaus in Scutari ging und war verantwortlich für die Lampe, die sie abends immer bei sich hatte. Später in seinem Leben schrieb Mr. Robinson seine Lebensgeschichte auf. Das Buch ist jetzt Teil der Ausstellungsstücke zum Thema »Florence Nightingale« im britischen Museum in London.

Die Textpassagen, die sich mit Robbies Familie, seinem Bruder Peter und deren Verbindung zur Familie Nightingale beschäftigen, sind reine Fiktion.

Die meisten anderen Personen in dieser Geschichte sind allerdings reale Personen gewesen, so zum Beispiel William Russel und Peter Grillage. Um die Geschichte jedoch nicht zu kompliziert werden zu lassen, mussten etliche andere historische Persönlichkeiten ausgelassen werden. So konnte das Hauptgewicht auf die Erzählung von Florence Nightingale und ihre Rolle im Krim-Krieg gelegt werden.

Fest im Herrenhaus

R obbie wusste sofort, dass etwas schlimmes passiert sein musste, als er seine Schwester Margo in der Dämmerung dort auf der obersten Stufe sitzen sah. Mit tränenüberströmten Gesicht hielt sie das Baby Mae fest an sich gepresst. Die fünfjährige Sissy und der sieben Jahre alte Tommy drängten sich eng an ihre Röcke.

»Ist es ... Papa?«, fragte Robbie mit heiserer Stimme.

Robbie, der Zehnjährige, war den ganzen Tag mit Mrs. Dobbles brauner Kuh unterwegs gewesen und hatte sie am Straßenrand grasen lassen. Als er die Kuh am Abend zurückbrachte, bezahlte die zahnlose alte Lady ihn mit einer Kanne Milch – frischer, warmer Milch für die kleine Mae, Sissy und Tommy. Er hatte sich vorgestellt, wie Mama sich darüber freuen würde – aber jetzt hing die Kanne an seiner Hand, ohne dass er auch nur einen Gedanken dafür hatte.

Margo sagte nichts, sie nickte nur. Und dann hörte Robbie es auch schon: Sein Vater, der im Inneren der schäbigen Hütte würgte, wieder und wieder – dieses furchtbare trockene Würgen, ohne dass er etwas herausbrachte – und dann ein langes Stöhnen.

 Die vierzehn Jahre alte Margo vergrub ihr Gesicht in Klein-Maes Windeln, Sissy schob den Daumen in ihren Mund und Tommy sah aus, als wollte er gleich in Tränen ausbrechen. Ihr Vater war krank seit er vor zwei Tagen mit

Peter aus London zurückgekommen war. Thomas Robinson war ein Fuhrmann, der seinen Maultierkarren und seine Arbeitskraft für Fuhr- und Lastarbeiten vermietete. Aber hier im Umkreis war es fast unmöglich, Arbeit zu finden. Also hatte er sich in der ersten Juniwoche im Jahr 1852 zusammen mit seinem Sohn, dem sechzehn Jahre alten Peter, und dem Maultierkarren auf den Weg nach London gemacht, um dort Arbeit zu finden. Sie waren drei Wochen weg gewesen. »Keine Nachrichten sind gute Nachrichten«, pflegte Sally Robinson jeden Tag zu sagen. »Vielleicht haben sie Arbeit gefunden und können noch nicht weg.« Aber jeden Abend stand sie in der Tür und hielt angestrengt Ausschau, ob sie nicht im Abendlicht ihre beiden Heimkehrer entdecken konnte.

Dann hatten sie vor zwei Tagen das Maultier und den Karren kommen sehen. Aber als der Wagen näher kam, konnten sie nur Peter auf der niedrigen Fahrerbank entdecken. Wo war Vater? Als Cinder, das Maultier, in den schmalen Lehmweg einbog, der um die Hütte herum zum Stall hinter dem Haus führte, sahen sie Thomas, halb liegend, zusammengesunken auf der Ladefläche des Karrens.

Mama und Peter hatten ihm vom Wagen herunter geholfen und ihn im Haus ins Bett gebracht. Peter erzählte, dass sie Arbeit gefunden hatten. Sie mussten die Überreste eines abgebrannten Warenhauses abtransportieren. Aber die Herberge, in der sie Unterkunft gefunden hatten, war hoffnungslos überfüllt und schmutzig gewesen. Viele der Gäste dort waren krank geworden: Übelkeit mit Erbrechen und Durchfall. Und dann auch Papa …

Das war vor zwei Tagen gewesen und jetzt ging es Papa noch viel schlechter. Robbie übergab Margo die Kanne mit Milch und schlich leise ins Haus. Sein Vater stöhnte in seinem Bett, das hinter einer Decke verborgen war, die man als Vorhang aufgehängt hatte. Seine Mutter sah nur flüchtig hoch. Sie wrang gerade ein feuchtes Tuch aus und versuchte damit seine trockenen Lippen zu benetzen.

»Robbie! Lauf schnell zum Embley-Herrenhaus und bitte die junge Miss Nightingale zu kommen«, sagte sie.

Robbie schluckte. Er war noch nie ganz allein zu dem feinen Herrenhaus dort oben gegangen. »Kann nicht Peter …?«

»Peter ist mit Cinder unterwegs, um Arbeit zu finden – jedenfalls sollte er unterwegs sein«, sagte Sally scharf. »Nun mach schon – dein Vater braucht dringend Hilfe.«

Robbie rannte aus dem Haus, vorbei an dem schluchzenden Knäuel aus seinen drei Schwestern und dem kleinen Bruder, die vor dem Haus kauerten und wandte sich zur Straße, die nach Embley führte. Die Familie Robinson wohnte ziemlich am Rande auf den ausgedehnten Ländereien der Familie Nightingale und manchmal gab es Arbeiten, die sein Vater erledigen konnte. Zum Beispiel als der große Trakt angebaut worden war, mit noch mehr Schlafzimmern für die Gäste und dem großen Saal für die rauschenden Feste. Peter hatte eine gute Hand mit Pferden und deshalb half er manchmal dem Stallmeister dort aus. Aber die Nightingales verbrachten nur die Hälfte des Jahres hier auf Gut Embley. Die schwülen Sommermonate verlebten sie oben im Norden am Lake Hurst, auf ihrem Sommersitz.

Robbie jagte die ausgetrocknete Lehmstraße hinauf, als ihm zum ersten Mal bewusst wurde, dass er noch gar nichts zu Abend gegessen hatte. Sein Magen krampfte sich vor Hunger schmerzhaft zusammen. Aber es würde kein Abendessen geben, ehe er nicht zusammen mit Miss Nightingale wieder zu Hause angekommen war.

Als der Junge völlig erschöpft am Tor ankam und auf den Kiesweg einbog, sah er, dass die geschwungene Auffahrt überfüllt war mit Kutschen und den dazugehörigen Gespannen herrlichster Pferde.

Stallburschen standen gegen die Kutschen ihrer Herrschaft gelehnt, rauchten ein Pfeifchen oder polierten die Messinglampen der Kutschen. Immer mehr Kutschen fuhren vor und entluden lachende Damen in rauschenden Ballkleidern und Herren mit steifen Zylindern. Das große Haus war hell erleuchtet, in jedem Fenster standen glitzernde Kerzenleuchter.

Robbie blieb stehen. Er konnte nicht zum Haupteingang gehen. Hier wurde ein großes Fest gefeiert! Er wandte sich um und wollte umkehren, aber dann zögerte er. Er konnte nicht unverrichteter Dinge nach Hause kommen. Sein Vater war krank – vielleicht sogar sterbenskrank. Er musste Hilfe holen.

Er schob alle Bedenken beiseite, glitt durch das weit geöffnete Tor und spurtete an den Kutschen vorbei zum Hintereingang. Aus dem Haus konnte Robbie Musik und Gelächter hören. Er stieg die Stufen zur Küche empor und klopfte. Mehrere Male musste er laut klopfen, ehe die Tür aufschwang. Hastig riss er seine Mütze vom Kopf.

Ein junges Mädchen, etwa in Peters Alter, stand vor ihm. Erstaunt sah sie ihn an. »Was willst du?«, fragte sie.

»B-b-bitte, Miss, ich muss Miss Nightingale sprechen – M-M-Miss Florence«, stammelte er.

»Was? Nun, ich denke, heute Abend wirst du nichts dergleichen tun«, antwortete das Mädchen. »Wir haben ein großes Fest.«

»Ich weiß, – aber.«

»Warum steht diese Tür auf?«, polterte eine scharfe Stimme aus der Küche. Eine mächtige Silhouette, auf der eine riesige, aufgeplusterte Kochmütze thronte, tauchte neben dem jungen Mädchen auf.

»Jemand, der Miss Florence sprechen möchte«, grinste das Mädchen.

»Was? Hau ab, Junge. Miss Florence hat heute Abend keine Zeit für euresgleichen. Husch, husch! Nun mach schon, dass du wegkommst!« Die Tür fiel zu, aber Robbie konnte den Koch noch murmeln hören: »Miss Flo tut viel zu viel für das ganze Pack hier in der Gegend. Ehe du dich versiehst kommen sie angelaufen und klopfen an die Tür.« Rums.

Robbie stülpte sich seine Mütze wieder auf. Was sollte er jetzt tun? Er machte sich auf den Weg zurück, an der Längsseite des Hauses vorbei. Als er an der Veranda vorbeilief, sah er wieder eine Kutsche anhalten und ein elegantes Paar aussteigen. Die breite Haustür stand sperrangelweit offen an diesem schönen Juniabend. Ein Butler nahm Hut und Stock des Gentleman in Empfang, während eine hübsche junge Dame im hellgrünem Seidenkleid ihre Gäste begrüßte.

»Flo, nein du siehst heute Abend wirklich überirdisch aus«, kicherte die Begleiterin des Gentleman, ehe sie ins Haus schwebte.

Robbies Augen wurden kugelrund. Miss Flo war heute Abend selbst auf der Veranda – das war seine Chance!

Ohne auch nur einen Moment nachzudenken, rannte er um die Büsche und die wenigen flachen Steinstufen hinauf. »Miss Florence!«, keuchte er und zog an ihrem Rock. »Bitte, kommen Sie schnell – mein Vater – er ist krank, und …«

Der Butler drehte sich um; seine Augen loderten: »Junge, verschwinde, ehe ich dich die Treppe hinunterwerfe!«, donnerte er und griff nach Robbies Kragen.

»Nein warte – ist schon gut«, sagte die junge Dame mit ruhiger Stimme. Miss Nightingale bückte sich ein wenig und schaute Robbie geradewegs ins Gesicht. Er roch einen Hauch ihres Parfüms. »Du bist der Sohn von …?«, begann sie fragend.

»Thomas Robinson. Ich bin Robbie Robinson, Miss«, stieß er hervor und dachte im letzten Moment noch daran, die Mütze vom Kopf zu reißen. »Mein Vater – er ist sehr krank und Mama hat mich geschickt, um Sie zu holen. Das heißt, wenn Sie mitkommen wollen.«

Florence Nightingale straffte den Rücken. »Natürlich werde ich mitkommen. Ich kenne deine Familie. Deine Mutter würde dich nicht geschickt haben, wenn es

nicht wirklich ernst wäre. Warte hier einen Augenblick Robbie.« Die junge Frau verschwand durch die Haustür und ließ Robbie allein mit dem schnaubenden Butler zurück. Kurz danach war sie zurück.

»Wohin um alles in der Welt gehst du, Florence?«, hörte man eine schrille Stimme hinter ihr an der Haustür. Robbie entdeckte dort eine elegante Frau in cremefarbener Seidenrobe, die ziemlich aufgebracht war.

»Es ist alles in Ordnung, Mutter«, sagte Miss Nightingale schnell. »Ich werde im Dorf gebraucht. Und damit nahm sie Robbie am Arm und dirigierte ihn eilends die Stufen hinunter, vorbei an den erstaunten Gesichtern der ankommenden Gäste.

»Du kannst jetzt auf keinen Fall fortgehen, Florence!«, rief ihre Mutter hinter ihnen her. Aber die feste Hand von Miss Nightingale schob Robbie weiter die Auffahrt hinunter, vorbei an den Kutschen, hinaus aus dem Tor.

Robbie war zunächst so verdattert, dass er keinen Ton herausbrachte. Er konnte kaum glauben, dass er hier neben einer Lady wie Miss Nightingale die Straße hinunter lief. Aber sie fragte gleich danach, was denn überhaupt los wäre. Robbie fand seine Stimme wieder und berichtete von der Reise nach London und wie der Vater dort krank geworden war, starken Durchfall hatte und sich oft erbrechen musste.

Als sie das kleine Dorf erreichten, war die Sonne schon fast untergegangen. Margo saß immer noch auf der Eingangsstufe und wiegte die schlafende Mae in ihren Armen. Sie starrte Miss Nightingale in ihrem schimmernden hellgrünen Kleid an und sagte dann müde: »Peter ist da – bringt Sissy und Tommy ins Bett. Hat keine Arbeit gefunden, heute.«

Florence Nightingale ging gleich hinein. Mit einem Mal bemerkte Robbie den Gestank – diesen Geruch von Krankheit, schmutziger Bettwäsche und Putzwasser. Aber die Lady schien all das nicht zu bemerken. Sie sprach leise mit Robbies Mutter, die ihre Hände wrang.

»Das klingt nach Cholera«, sagte Miss Nightingale ernst. »Ihr Mann muss sich in London angesteckt haben, dort herrscht eine Epidemie. Er ist völlig dehydriert – wir müssen versuchen Flüssigkeit in ihn hineinzubekommen.«

Die beiden Frauen machten sich an die Arbeit. Robbie sank zurück in eine schattige Ecke und bekam bald von Peter Gesellschaft. Schweigend beobachteten die beiden wie Miss Nightingale den Kopf ihres Papas in ihrem Arm hielt und mit einem Löffel versuchte ihm langsam Wasser einzuflößen. Aber sobald sie ein bisschen hineinbrachte, würgte er es wieder heraus.

Die Stunden schleppten sich dahin und Robbies Kopf wurde schwer und sank zur Seite. Plötzlich schrak er wieder hoch und versuchte sich zu erinnern, was eigentlich passiert war. Peter lag zusammengekauert auf dem Fußboden neben ihm. Eine einzelne Kerze brannte neben dem Bett seiner Eltern und er hörte zwei Frauenstimmen leise flüstern.

»Sie haben eine Gabe zu heilen, Miss Florence, wirklich«, sagte seine Mutter gerade.

»Das können Sie nicht sagen, Mrs. Robinson«, meinte Florence Nightingale traurig. »Ihr Mann ist sehr schwer krank. Es – es könnte sein, dass er es nicht schafft.«

»Ich weiß«, sagte Mrs. Robinson und ihre Stimme zitterte ein wenig. »Aber allein ihre Anwesenheit hilft uns, hier mitten in unserem Kummer. Sie wären eine wunderbare Krankenschwester.«

Miss Nightingale lachte bitter. »Ich wünschte, meine Mutter könnte das genauso sehen. Für sie ist Krankenpflege eine niedere Arbeit, für Frauen aus der unteren Schicht, die zu ungebildet sind, um ein gutes Hausmädchen abzugeben. Oder noch schlimmer, unordentliche Mädchen, die mit den Ärzten und den kranken Männern flirten möchten.«

»Du liebe Güte, da denkt sie aber schlecht«, sagte Mrs. Robinson. »Aber Sie sind kein Mädchen mehr, Miss Florence. Sie sind eine erwachsene Frau! Sie könnten eine Krankenschwester werden!«

Wieder das bittere Lachen. »Ich bin zweiunddreißig Jahre alt. Aber Sie kennen meine Eltern nicht. In unseren Kreisen ist eine unverheiratete Tochter ebenso vom Willen ihrer Eltern abhängig wie ein Schulmädchen.«

In diesem Augenblick stöhnte der Mann im Bett und schlug um sich. Das schreckliche Würgen begann, trockenes Keuchen und Husten, ohne dass etwas ausgespuckt werden konnte. Robbie kniff die Augen zu und presste die Hände auf seine Ohren. Es war kaum auszuhalten, seinen Vater so leiden zu hören!

Nach einer Weile merkte er, dass das Würgen aufgehört hatte. Langsam senkte er die Arme und öffnete seine Augen. Im schwachen Kerzenlicht sah er die schmerzerfüllten Augen seiner Mutter.

»Es tut mir so leid Mrs. Robinson«, sagte eine sanfte, traurige Stimme. »Ihr Mann hat sein Leiden hinter sich, aber für Sie, meine Liebe, war das erst der Anfang.«

Der Trommler

Thomas Robinson wurde auf dem Friedhof von Wellow Village begraben. Nur wenige Dorfbewohner kamen zur Hütte, um Anteil zu nehmen. Die meisten hatten zu viel Angst vor der Cholera.

Auf Florence Nightingales Drängen hin, wurde das Bettzeug und die Kleidung des Verstorbenen verbrannt und hinter dem Stall vergraben. Sally Robinson trug Peter, Margo und Robbie auf, den Fußboden der Hütte tüchtig zu schrubben. Sie kochte alles Geschirr und die Kochtöpfe aus, kochte das Trinkwasser ab und kochte auch alle Kleidungsstücke.

Nachdem alles fertig war, saß Sally Robinson am Tisch in der blank gescheuerten Hütte und starrte auf ihre Hände. »I-Ich weiß nicht, was wir jetzt tun sollen«, flüsterte sie. »Wie soll ich uns alle sieben ernähren?«

»Ich habe nachgedacht, Mama«, begann Peter zu sprechen. Er räusperte sich. »Papa hatte in der letzten Zeit nicht viel Glück, einen Job zu erwischen – sogar mit zwei Arbeitskräften. Ich glaube, ich sollte Cinder und den Karren nach London bringen und beide dort verkaufen – in der Stadt werde ich einen besseren Preis bekommen, als hier draußen. Das Geld sollte reichen, dich und die Kleinen über Wasser zu halten, bis ich meinen ersten Sold bekomme.«

»Deinen ersten – was meinst du mit Sold?«, fragte seine Mutter beunruhigt. »Du bist ein guter Junge, Peter, aber ich kann mich nicht erinnern, dass Arbeit wie Früchte auf Bäumen wächst. An welche Art Arbeit hattest du denn gedacht?«

Peter räusperte sich wieder. »Ich trete in die Britische Armee ein, Mama«, sagte er und dann sprudelte es plötzlich aus ihm heraus: »Als ich mit Papa in London war, habe ich mich mit einem Soldaten unterhalten, der beim siebzehnten Regiment der Lanzenreiter ist. Sie suchen noch jede Menge Freiwillige. Ich kann gut mit Pferden umgehen. Ich hätte eine gute Chance. Und ein Soldat bekommt regelmäßig seinen Sold und den könnte ich dir hierher schicken.«

Sally Robinson starrte ihren ältesten Sohn an. »Aber – die Armee? Ich möchte nicht auch noch dich verlieren.«

»Ach Mama«, winkte Peter ab. »England ist seit dreißig Jahren in keinen Krieg verwickelt gewesen. Das meiste ist heute Drill und ein paar prächtige Paraden, damit unsere Feinde beeindruckt sind und abgeschreckt werden.«

Robbie bekam den Mund nicht mehr zu. Peter, ein Soldat? Was für eine absolut spitzenmäßige Superidee. Seine Brust schmerzte schon vor Neid.

»Das ist noch nicht alles, Mama«, Peter warf einen kurzen Blick auf Robbie und holte Luft. »Robbie könnte auch Arbeit bekommen – als Trommler.« Der große schlaksige Junge legte die Hände auf den Tisch uns sah seine Mutter erwartungsvoll an. »Verstehst du nicht? Zweimal Sold, der dir pünktlich geschickt wird! Und zwei hungrige Mäuler weniger zu füttern.«

Sally Robinson sah ihren Sohn mit weit aufgerissenen Augen an und versuchte den Sinn von all dem zu begreifen, was sie da eben gehört hatte. »Aber – was ist mit mir und Margo und den beiden Kleinen? Was sollen wir machen, ganz ohne unsere Männer?«

Margo marschierte zum Tisch. Die Hände hatte sie in die Hüften gestemmt. »Du vergisst, Mama, dass ich schon vierzehn Jahre alt bin, fast erwachsen. Ich kann Erwachsenenarbeit machen – Wäsche waschen zum Beispiel, oder vielleicht Hausmädchen werden in einem der großen Häuser. Wir werden ohne die Jungs gut klar kommen.« Sie schob das Kinn nach vorn und sah ihre Brüder herausfordernd an. Was ihr könnt, kann ich schon lange, hieß das.

Robbie saß da wie betäubt. Er hatte erwartet, dass seine Mutter strikt verbieten würde, dass er zur Armee gehen sollte. Aber Mama, und Peter und Margo redeten und machten sich Sorgen und planten wild durcheinander – alles auf einmal.

Die Tür stand auf und ließ die warme Juniluft herein. Robbie kniff die Augen zusammen und schaute auf die lehmige Straße, die aus Wellow hinaus, vorbei am Nightingale-Anwesen, geradeaus nach London führte.

Er sah sich mit einem federngeschmückten Hut in der roten Uniform mit den beiden weißen Lederbändern, die über seiner Brust gekreuzt waren. Er sah die hölzernen Trommelstöcke in seinen Händen und hörte im Geiste das rat-a-tat-tat, als sie die Trommel berührten.

Konnte das wirklich wahr werden? Er, Robbie Robinson, als Trommler in der Armee Ihrer Majestät?

***

In seinem ganzen Leben hatte Robbie niemals daran gedacht, dass er England einmal verlassen könnte. Viel weniger noch, dass er einmal im Schlamm der Krim schlafen sollte – einer rauen und unwirtlichen Gegend im unteren Teil Russlands.

Robbie hatte vorher noch nie von der Krim gehört. Er war jetzt schon seit fast zwei Jahren als Trommler beim sechsundachtzigsten Infanterie-Regiment. Bisher hatte sein Leben hier hauptsächlich daraus bestanden für Paraden zu üben, kleinere Aufträge für die Soldaten zu erledigen oder ihre Stiefel zu polieren. Er hatte nichts gegen diese Schmutzarbeit, denn die meisten der Soldaten waren gutmütige Zeitgenossen, auch wenn sie ihn ein bisschen herumkommandierten. Das war es allemal wert, wenn er in seiner schneidigen roten Uniform mit den beiden Lederriemen über der Brust, ganz vorn in seinem Regiment den Marschtakt trommeln durfte.

Als die junge Königin Viktoria kam, um ihre Truppen zu besuchen, hatte Robbie auch Peter wiedergesehen. Er war bei der Kavallerie, siebzehntes Regiment der Lanzenreiter, alle ganz in Blau, mit engen Hosen und Stiefeln, die Helme mit kurzem Federbusch. Peter ritt einen großen Braunen namens Wolfgang, und Robbie dachte sich, wie stolz Papa gewesen wäre, wenn er hätte sehen können, wie exakt Peter und sein Pferd mit allen anderen Reitern im Takt schwenkte, drehte und trabte. Stolz auch im Hinblick auf den Sold, den sie beide nach Hause zu Mama, Margo und den Kleinen schickten.

Aber plötzlich gab es nur noch ein Thema: Krieg. Anfang 1854 meldete die London Times: »Türkei erklärt Russland den Krieg! Die Verbündeten werden aufgefordert, sie in der Krim zu unterstützen.« Robbie konnte die Zeitung nicht lesen, aber ein junger Gefreiter namens William Jones – etwa sechzehn Jahre alt – versuchte, ihm die Sache zu erklären.

»Weißt du, Robbie«, hatte er genuschelt und dabei ordentlich wichtig getan, »da ist dieser flache Fluss, der vom schwarzen Meer durch die Türkei zum Mittelmeer führt. Bosporus nennen sie ihn wohl. In der Times steht, dass die Russen in der Krim Truppen zusammenziehen, um einen Angriff über das Schwarze Meer zu führen. Aber du kannst einen Schilling drauf wetten, dass die Briten nicht zulassen werden, dass Russland den Bosporus in die Finger kriegt. Er ist das Tor zum ganzen Mittleren Osten!«

Jedenfalls fanden sich im nächsten Frühjahr alle Angehörigen des sechsundachtzigsten Infanteriekorps zusammengepfercht auf einem Schiff der Marine wieder. Sie segelten über das Mittelmeer. Robbie verbrachte die ersten Tage der Reise unter Deck in seiner Koje. Er war seekrank. Als er sich schließlich an das Rollen und Stampfen des Schiffes gewöhnt hatte, stieg er aufs Oberdeck und sah dort William mit aschfahlem Gesicht an der Reling stehen.

»Ist dir der Gestank da unten auch zu viel geworden, was?«, grinste der Ältere ihn schwach an. William deutete mit dem Kopf auf die Segel der anderen Schiffe vor und hinter der H.M.S. Andes. »Siehst du die

Schiffe? Die britische Marine verschifft praktisch die ganze britische Armee in die Krim. Und du solltest die Schotten aus dem Hochland erst mal sehen, in ihren Schottenröcken und mit den breiten Schwertern!«

»Hab sie schon geseh´n«, sagte Robbie. Er fühlte sich ein bisschen irritiert. William tat gerade so, als ob er überhaupt nichts wüsste. »Mein Bruder ist auf einem dieser Schiffe – er und sein Pferd, Wolfgang. Sie gehören zu den Siebzehnten Lanzenreitern.«

»Dein Bruder? Gehört zur Leichten Kavallerie? Wahnsinn!« William sah sehr beeindruckt aus.

Robbie wandte das Gesicht ab und starrte hinüber zu den geblähten Segeln der anderen Schiffe. Die Tatsache, dass Peters Regiment auch zur Krim unterwegs war, war so ziemlich das Einzige, das ihn davon abhielt, vom Heimweh übermannt zu werden. Er war erst zwölf Jahre alt. Was hatte er auf einem Kriegsschiff mitten auf dem Mittelmeer zu suchen?

Die Flotte drehte schließlich nordwärts entlang der Küste der Türkei. William und Robbie standen neben anderen Soldaten an der Reling, als auf der Andes die Segel gerafft wurden, die Maschine zu stampfen begann und man durch den Bosporus dampfte. Sie staunten, als die glänzenden Kuppeln und spitzen Minarette von Konstantinopel, der türkischen Hauptstadt, an ihnen vorbei glitten. Am gegenüberliegenden Ufer breitete sich Scutari aus, ein »Vorort« der Hauptstadt durch die Meerenge abgetrennt.

»Kuck mal da oben!« William zeigte auf ein großes festungsähnliches Gebäude, das auf einem Hügel hinter der Küstenregion von Scutari lag. »Würde mich interessieren, was das ist.«

»Das scheußliche Monstrum war mal eine türkische Armeebaracke«, schnaubte einer der anderen Soldaten. »Ist jetzt ein Militärlazarett, hab ich gehört.«

Hoffentlich sehe ich den scheußlichen Bau nie von innen, dachte Robbie im Stillen.

Und dann stampfte die H.M.S. Andes ins Schwarze Meer.

***

Mittlerweile war es Oktober und Robbie hatte die Nase vom Krieg gestrichen voll.

Der kleine Trommler saß auf einem umgestülpten Eimer, brütete vor sich hin und versuchte mit seiner guten Hand die Trommel und seinen Tornister vom Lehm zu säubern. Alles lief falsch!

Bis jetzt hatte er nur ein einziges Mal etwas vom Kriegsgeschehen mitbekommen. Vor ein paar Wochen war das gewesen, an einem Fluss namens Alma. Bei diesem Kampf war seine linke Hand von einem Schrapnellstück getroffen worden. Die Russen hatten sich zurückgezogen und die Schlacht war als Sieg der Alliierten gewertet worden. Trotzdem hatten die Russen nach wie vor die Kontrolle über Sebastopol, ihren Hauptstützpunkt hier in der Krim. »Frag´ mich wirklich, was das für eine Art von Sieg sein soll. Wir haben fast zweitausend Männer verloren, tot oder verwundet und haben trotzdem nichts erobert«, murmelte Robbie vor sich hin und hieb wütend mit seinem Putzlumpen auf die Trommel.

Die Wunde an seiner Hand hatte nicht allzu ernst ausgesehen, aber der Schmerz ließ nicht nach und die steifen Finger machten es ziemlich schwierig seine Trommel zu schlagen.

Wenigstens ist Peter in Sicherheit, tröstete Robbie sich. Lord Raglan, der Oberbefehlshaber des Heeres, hatte die Leichte Kavallerie noch zurückgehalten. Peter und die anderen Soldaten seiner Einheit hatten ihr Lager aufgeschlagen, um abzuwarten und falls nötig, zur Stelle zu sein. Aber Lord Raglan war standhaft geblieben. Wenn ein neugieriger London-Times Reporter ihn fragte, warum er noch abwarte, so antwortete er, dass er die Leichte Kavallerie als »Augen und Ohren der Armee« benötige – um das Gebiet zu erkunden und den Feind aufzuspüren.

Robbies Infanterieeinheit hatte nach der Schlacht am Alma-Fluss im September ein paar Meilen südlich von Sebastopol das Lager aufgeschlagen. Die Kavallerie hatte unterdessen ihr Hauptquartier in der Nähe von Balaklava eingerichtet. Balaklava war ein kleines verschlafenes russisches Dorf, das mit einer kleinen Bucht am Schwarzen Meer einen idealen Liegeplatz für die britischen Schiffe besaß.

Mittlerweile war es Oktober und man wartete – wartete auf die Kapitulation Sebastopols oder auf einen Überfall der russischen Truppen aus den Wäldern, die Balaklava umgaben. Der kalte Herbstregen hatte zusammen mit Tausenden von Pferdehufen, Wagenrädern und Stiefelabsätzen den lehmigen Lagerboden in einen einzigen Schlammsumpf verwandelt.

Es war die Warterei … und der Dreck … und die Kälte … und die widerlichen Essensrationen – gepökeltes Schweinefleisch und Zwieback – jeden Tag, die Robbie zermürbten. Doch damit nicht genug. Die

Hälfte der Vorräte waren zurückgelassen worden, um Platz für die Verwundeten und Kranken zu haben, die auf dem Seeweg ins Lazarett nach Scutari gebracht werden sollten. Während also die Franzosen in Zelten übernachteten, kampierten viele Angehörige der britischen Truppen auf dem Lehmboden, eingerollt in ihre dünnen, feuchten Wolldecken.

Kein Wunder, dass die halbe Armee krank war.

Robbie warf den Putzlumpen weg. Er wiegte seine verletzte Hand mit dem guten Arm, versuchte die kalten Finger aufzuwärmen und starrte düster auf seine Stiefelspitzen.

»Na, wie geht's der Hand?«, fragte eine vertraute Stimme.

»Peter!«, schrie er, sprang von dem Eimer auf – und saß platsch! eine Sekunde später auf seinem Hosenboden im Matsch. Schmerz schoss von seiner Hand den ganzen linken Arm hinauf.

Peter sprang vom Pferd, lachte entschuldigend und half Robbie beim Aufstehen.

Voller Genugtuung stellte Robbie fest, dass der gleiche Dreck, der an seinem Hosenboden klebte, auch an Wolfgangs Bauch und Beinen und an Peters Stiefeln hing.

Peter drehte den Eimer wieder um und setzte sich darauf. Dann schaute er Robbie prüfend an. »Du bist doch nicht krank, oder? Heilt die Hand denn gut? Bekommst du überhaupt genug zu essen?«

Wolfgang beschnüffelte Robbies Ärmel auf der Suche nach etwas Fressbarem. »Ich denke, meine Hand ist ganz in Ordnung«, sagte Robbie achselzuckend

und wünschte im Stillen, er hätte eine dicke, saftige Möhre für Wolfgang. »Nein, ich bin nicht krank. Aber ich würde alles mögliche hergeben für Mamas Bratkartoffeln und Nudelauflauf.«

Peter lachte wehmütig: »Jau. Allerdings.«

Robbie widerstand dem Wunsch, Peter einfach zu umarmen und ganz fest zu drücken. Es wäre einfach nicht »soldatenmäßig« gewesen. Aber er wollte Peter so gern bitten, noch zu bleiben. Bis Balaklava waren es nur fünf Meilen. Aber die einzige Gelegenheit, bei der er seinen Bruder zu Gesicht bekam, waren dessen Erkundungsritte, bei denen er auf dem Rückweg einen kurzen Abstecher ins Camp der Sechsundachtzigsten Infanterie machen konnte.

»Wolfgang sieht so dünn aus«, stellte Robbie fest und streichelte den Hals des Pferdes.

Peter zuckte zusammen. »Klar. Die Tiere leiden genauso wie die Menschen. Wir haben heute wieder zehn von den Lanzenreitern zum Hafen hinunter gebracht. Krank, Cholera. Manche von ihnen sind schon so weit, dass sie die Nacht bestimmt nicht überleben. Aber das Schiff legt nicht eher ab, ehe nicht genug Verwundete oder Kranke an Bord sind – um die Fahrt zu rechtfertigen.«

Peters Schultern sanken nach vorn. Sein Helm rutschte in den Matsch. Er schlug die Hände vors Gesicht.

Robbie war ganz aufgeregt. Das konnte nicht sein! Peter konnte doch nicht den Mut verlieren – nicht Peter. Robbie war auf seinen älteren Bruder angewiesen, um seinen Schneid zu behalten, um den Ruhm der britischen Armee zu beschwören und die edlen Ziele, für die sie alle kämpften!

Aber Peters Stimme war mehr ein Stöhnen, als er in seine Hände murmelte. »Die ganze Leichte Kavallerie ist auf sechshundert Mann geschrumpft, Robbie. Lanzenreiter, Dragoner, Husaren – wir haben zusammen schon über vierhundert Männer verloren. Fast alle sind tot oder sterben. Und sie sterben nicht an Wunden aus irgendeiner Schlacht sondern an Krankheiten und verdorbenem Essen!«

Robbie wusste, dass das die Wahrheit war. Bevor die britische Armee überhaupt in Russland angekommen war, waren schon einige hundert Soldaten an Cholera gestorben. Seit damals hatten sich die Zustände von schlecht zu absolut katastrophal entwickelt.

»Robbie! Robbie! Hast du gehört?« Robbie drehte sich um und sah William durch den Matsch auf sich zu rutschen. Williams schmales Gesicht glühte vor Aufregung. »Ach – Peter. Ich wusste gar nicht, dass du hier bist.« Der Junge war ein bisschen verwirrt. »Warst du der Bote?«

»Bote? Was für ein Bote?«, fragte Robbie.

Peter hob seinen Helm aus dem Lehm und richtete sich auf. »Ja. Ich habe Lord Raglan eine Nachricht überbracht.« Seine Stimme war wieder ganz die alte, zuversichtlich, nüchtern. »Eine unserer Einheiten hat Tausende von russischen Soldaten entdeckt, die sich zu einem Angriff auf Balaklava vorbereiten.«

Peter schwang sich in den Sattel.

Er salutierte knapp vor Robbie, ehe er Wolfgang wendete und beim Wegreiten über die Schulter zurückrief: »Sie könnten morgen früh im Morgengrauen angreifen!«

Ins Tal des Todes

I ch benötige einen Assistenten«, donnerte eine kräftige Stimme. »Können Sie nicht einen einzigen Soldaten entbehren, um …«

»Mr. Russel!« Robbie, der in seine Decke eingewickelt lag, den Tornister als Kissen unter seinem Kopf, erkannte Lord Raglans Stimme höflich aber bestimmt: »Die britische Armee hat nicht die Aufgabe Zeitungsreporter mit Hilfspersonal zu versorgen. Darum müssen Sie sich schon selbst bemühen. Es genügt völlig, dass wir ihre Anwesenheit ertragen müssen, während eine Schlacht vorbereitet wird. Wenn Sie meinen, mit mir nach Balaklava kommen zu müssen, dann sollten wir uns auf den Weg machen – unverzüglich.«

Robbie streckte seinen Kopf unter seiner Decke hervor. Der Himmel war noch verhangen vom Frühnebel. Die Sonne war noch nicht aufgegangen. William schlief noch neben ihm. Durch die Gesprächsfetzen neugierig geworden, schälte sich Robbie aus seiner Decke. Er achtete darauf, sich nicht auf den linken Arm zu stützen, denn seine Hand pochte mittlerweile ganz gehörig. Er ging um einen Stapel mit Versorgungsgütern herum in die Richtung, aus der die Stimmen kamen.

Lord Raglan war leicht zu erkennen. Der Kommandant der britischen Armee hatte vor vielen Jahren seinen rechten Arm im Kampf gegen Napoleon verloren. Der schlaffe rechte Ärmel steckte in seinem Gürtel. Trotzdem saß er majestätisch auf seinem rotbraunen Pferd.

Auf einem anderen Pferd saß ein großer Mann in Zivilkleidung. Er hatte schwarze buschige Augenbrauen und einen dichten Vollbart. Das muss der Zeitungsmann sein, dachte Robbie und schaute sich verstohlen die Versammlung der verschiedenen Regimentskommandeure an.

In diesem Augenblick entdeckte ihn der Reporter.

»Moment mal«, brüllte er. »Der Junge da – wer ist das?«

Lord Raglan hatte Schwierigkeiten ruhig zu bleiben. »Nun, Junge«, fuhr er Robbie an, »dein Name, dein Regiment.«

»I-ich?«, stammelte Robbie. Dann fing er sich und nahm Haltung an. »Robbie Robinson, Sir, Trommler beim sechsundachtzigsten Infanterieregiment.«

»Aber der Junge hat eine verletzte Hand, Lord Raglan«, krächzte der Reporter. »Sicher kann er für einen Tag von seinen Pflichten als Trommler entbunden werden. Vielleicht sollte er, bis seine Hand geheilt ist, sowieso vom Dienst befreit werden. In der Zwischenzeit könnte er mir sehr nützlich sein.«

Lord Raglan, der möglichst schnell mit dieser Unterbrechung zu Ende kommen wollte, schickte einen Helfer, der mit Robbies Vorgesetztem sprechen sollte. Fünf Minuten später fand sich Robbie im Sattel wieder, vor sich den breiten Rücken von William Russel, Berichterstatter für die London Times. Als sie aus dem Lager hinaus ritten, sah Robbie ganz kurz seinen Freund William, der mit offenem Mund dastand und mit unverhohlenem Neid hinter ihm her schaute.

Innerhalb einer halben Stunde hatten Lord Raglan und die übrigen in gleichmäßigem Trab den Rand des Plateaus erreicht, das vor Balaklava etwa hundertachtzig Meter tief zum Tal hin abfiel.

Lord Raglan hob den Arm. Alle hielten an. Robbie, der hinter dem breiten Rücken von Mr. Russel nichts sehen konnte, stieg ab und starrte mit großen Augen auf die Ebene unter ihm.

Ungefähr vier Kilometer südlich konnte Robbie die hohen Masten der britischen Kriegsschiffe sehen, die dort im Hafen von Balaklava vor Anker lagen. Vor ihnen lagen zwei lange Täler, die wie ein V angeordnet waren und durch eine leichte Erhebung voneinander getrennt wurden. Das rechte Tal nahe Balaklava nannte man einfach Südtal und das linke Nordtal. Beide Täler waren ungefähr eineinhalb Kilometer breit und zirka fünf Kilometer lang. Beide Täler endeten jäh an einem Bergmassiv.

Lord Raglan hob sein Fernglas und sah sich um. »Dort drüben, am Ende des Nordtales, haben die Russen Stellung bezogen«, murmelte er seinem Gehilfen zu, »und es hat den Anschein, dass sie noch mehr Kanonen da drüben auf den Bergen haben, am Rande des Nordtales. Wo sind unsere Kanonen?«

»An der Hügelkette zwischen den Tälern, Sir. Auf das Nordtal gerichtet«, lautete die Antwort. »Mit Türken bemannt, glaube ich.«

Robbie blinzelte in die aufgehende Sonne. Ah ja, da am Ende des Nordtales konnte er eine undefinierbare graue Masse aus Mänteln ausmachen. Das musste die Kavallerie sein; vor ihnen eine Reihe von zehn oder zwölf schweren Geschützen. Und an den Hügeln, die beide Täler voneinander trennten, sah er Gruppen türkischer Soldaten, die sich neben Kanonenrohren eingruben.

»Sonnenaufgang … fünfundzwanzigster Oktober 1854 … Rundblick über Balaklava … alles ruhig«, murmelte Mr. Russel leise. Der Zeitungsmann stand hinter Robbie und machte rasch Notizen auf einem Bündel Papier. Dann fragte er plötzlich: »Wie viele Geschütze der Alliierten siehst du auf den Hügeln, Robinson?« Offensichtlich konnte er nicht besonders gut sehen.

Robbie kniff die Augen zusammen und zählte. »Vier Stellungen auf den Hügeln eingegraben, Sir. Normalerweise sind zwei oder drei Kanonen in einer Stellung.«

»Und die Briten?«

Robbie deutete auf den Hafen. »Da drüben nördlich vom Dorf. An der Front zwischen dem Südtal und dem Hafen. Das ist das dreiundneunzigste Korps, schottische Soldaten aus dem Hochland …«

»Sieht ja aus wie eine Parade von Ballkleidern mit diesen karierten Röcken und den hohen Bärenfellmützen«, murmelte Russel.

»… und da unter uns«, fuhr Robbie fort. Er überflog mit den Augen schnell den unteren Rand des Plateaus, auf dem sie standen. »Sehen Sie? Hier an diesem Ende des Südtales. Die schwere und die leichte Kavallerie haben aufgesessen und sind bereit.« Dann in einem Anflug von Stolz fügte er hinzu: »Mein Bruder ist da unten, Sir. Gefreiter Peter Robinson, von den Siebzehnten Lanzenreitern.«

»Bruder, eh?« Mr. Russels Bleistift kritzelte eifrig. »Was machen sie denn alle im Südtal?«, brummte er. »Sie können doch überhaupt nichts sehen, mit diesen Hügeln zwischen sich und den Russen. Wissen diese Dummköpfe nicht, dass die Russen etwa fünfmal so viele sind wie sie?«

Robbie sah den Reporter scharf an. Aber dann riss ihn der Knall der Geschütze von den Hügeln hoch. Sein Herz raste. Die Türken feuerten ihre Zwölfpfünder ab und die Russen rückten vor!

Lord Raglan behielt sein Fernrohr am Auge, sprach ab und zu eindringlich mit einem seiner Leute, die dann einen berittenen Boten mit den Befehlen zu den Offizieren unten im Tal schickten.

»Was zum …?« William Russel unterdrückte mühsam den Fluch. »Die Russen klettern die Hügelkette hoch, versuchen, die Stellungen einzunehmen – heh! Die Türken sind auf der Flucht!«

Es war die Wahrheit. Robbie konnte das Handgemenge um die eingegrabenen Stellungen auf den Hügeln beobachten – und die kleinen Figuren, die an der Südseite der Hügel hinunter rannten. Sie rannten an den Schotten vorbei auf das Dorf zu.

Robbie versuchte dem Reporter seine Fragen so gut er konnte zu beantworten, aber es war schwer, sich zu konzentrieren. Während die Schlacht um die Hü-

gel tobte, drängten sich die Offiziere um Lord Raglan. Jeder hatte eine andere Strategie anzubieten. Dann plötzlich durchbrach die russische Reiterei die Truppen auf den Hügeln und raste die Hügel hinunter direkt auf Balaklava zu. Es wirkte wie Massenmord: berittene Kosaken gegen eine kleine Truppe Infanterie. Aber die dreiundneunzigsten Hochländer, zu Fuß und völlig unterlegen, wichen keinen Zentimeter zurück. Die Vorderen knieten sich hin und feuerten, auch als die zweite und dritte Reihe schon über ihre Köpfe hinweg schoss.

Robbie war völlig verblüfft: Die schmale rote Linie von Schotten hielt, und die Russen zogen sich zurück!

Ein lautes Hurra war von den Reitern unter ihnen zu hören. Trotzdem war offensichtlich, dass die Alliierten mehr Fußtruppen brauchten. Lord Raglan bellte wieder einen Befehl und schickte einen Eilboten nach Sebastopol, damit die erste und vierte Infanteriedivision eingesetzt werden konnten.

Na wenigstens bekommt William jetzt endlich Action zu sehen, dachte Robbie ironisch. Ihm fiel der Gesichtsausdruck des Freundes am Morgen wieder ein. William hatte ihn wirklich darum beneidet, zur Front zu reiten, während er zurückbleiben musste.

Bist jetzt war die Schlacht etwa anderthalb Kilometer entfernt gewesen. Aber jetzt sah Robbie, wie sich die Schwere Kavallerie unter ihrem Kommandanten, Sir Alfred Scarlett fertig machte, um zum Kampfgebiet im Südtal zu reiten. Nicht einen Augenblick zu früh, denn plötzlich schwappte eine neue Welle russischer Reiter über den Hügel, ihnen entgegen. Sogar dort oben auf dem Plateau konnte Robbie die lauten Angriffsparolen, den Klang der Schwerter und Säbel und die Schreie der verwundeten Männer und Tiere hören.

Robbie schienen Stunden vergangen zu sein – vielleicht waren es auch nur Minuten – aber so plötzlich wie sie gekommen waren, verschwanden die Russen auch wieder. Sie zogen sich ins Nordtal zurück und ließen ihre Toten und Verwundeten hinter sich.

Robbie beobachtete Lord Raglan scharf, der mit seinen Offizieren den Kopf zusammensteckte. Was würde er jetzt tun? Würden die Russen sich zurückziehen? War die Schlacht vorbei? Wieder hob der Kommandant sein Fernglas und suchte den Horizont ab. Auch ohne Fernglas konnte Robbie erkennen, dass die Russen sich hinter ihren Kanonen nur neu aufstellten.

Aber was passierte da auf der Hügelkette? Es sah so aus, als wären die Russen dabei die erbeuteten Kanonen der Alliierten abzutransportieren.

»Lord Nolan!«, bellte Lord Raglan. »Hier ein Befehl für Lord Cardigan.«

Robbie blieb fast das Herz stehen. Lord Cardigan war der Kommandant der Leichten Kavallerie. Nein! dachte Robbie angsterfüllt. Lord Raglan kann doch nicht die Leichte Kavallerie losschicken! Warum hält er sie nicht zurück, wie am Alma-Fluss?

»Befehl an Cardigan: Er soll dem Feind folgen und sie am Abschleppen der Kanonen hindern. Sie werden von Bodentruppen unterstützt, die ich an beide Seiten befehligt habe.«

Hauptmann Nolan, ein exzellenter Reiter von den Elften Husaren, trieb sein Pferd zum vollen Galopp an und ritt waghalsig den steilen Abhang zu den Leichten Brigaden hinunter.

»Welche Bodentruppen?«, grummelte William Russel in Robbies Ohr. »Siehst du irgendwelche Bodentruppen? Sie sind noch gar nicht hier.«

Robbies Mund wurde trocken. Am Fuße des Plateaus konnte er Lord Nolan sehen, der Lord Cardigan etwas zurief und mit dem Arm auf das Nordtal zeigte, das sie durch die Hügel in der Mitte nicht einsehen konnten. Zuerst war Lord Cardigan ärgerlich oder vielleicht eher ungläubig. Dann plötzlich befahl er anzutraben. Die Reiter verließen das Südtal und bogen um die Hügel bis zum westlichen Ende des Nordtales. Robbie sah Lord Nolan mit den Husaren folgen.

Robbie starrte mit aufgerissenen Augen. Was er sah, passierte wirklich. Genau unter ihnen reihten sich die Reiter der Leichten Kavallerie hinter Lord Cardigan auf und die Lanzenreiter waren in der vordersten Reihe! Robbie meinte, Peter entdecken zu können, wie er stocksteif auf Wolfgang saß, die Lanze stoßbereit in der rechten Hand.

»Was um alles in der Welt …?«, donnerte Lord Raglan, der plötzlich sah, was dort geschah. »Der Mann hat den Befehl missverstanden. Weiß Cardigan denn nicht, dass die Russen immer noch unsere Kanonen auf den Hügeln unter ihrer Kontrolle haben? Das ist doch ein Hinterhalt – auf drei Seiten feindliche Soldaten! Er wird doch sicher nicht …«

Aber gerade jetzt gab die einsame Person, die vor den Truppen herritt mit erhobenem Schwert das Signal zum Angriff. Hinter Lord Cardigan begannen seine Männer in ruhigem Schritt vorzurücken. Wieder hob Cardigan das Schwert und sofort trabten alle, Husaren, Lanzenreiter und Dragoner in geordneten Reihen an.

Der Nachrichtenreporter neben Robbie fluchte in seinen Bart. »Das ist Wahnsinn«, japste er. »Glatter Selbstmord!«

Plötzlich brach ein einzelner Reiter aus dem Trupp der Husaren aus, galoppierte nach vorn und schnitt Lord Cardigan den Weg ab. »Nein! Nein!«, schrie eine Stimme. »Nicht die Geschütze da hinten! Die auf den Hügeln!«

Es war Hauptmann Nolan!

Aber genau in diesem Moment dröhnten und rauchten die russischen Geschütze auf beiden Seiten des Tals – und plötzlich war Hauptmann Nolans Brust blutdurchtränkt. Einige der Pferde in den weiteren Reihen strauchelten und kamen zu Fall. Aber sofort schlossen sich die Reihen der Reiter wieder und trabten weiter.

Lord Cardigan setzte seinen Ritt unbeeindruckt fort; er schien nichts zu bemerken, weder Hauptmann Nolans Versuch ihn zurückzuhalten, noch die Geschütze, die links und rechts von ihm aus allen Rohren feuerten. Er hob wieder das Schwert …

Sofort fielen die Reiter in Galopp und donnerten genau auf die Geschütze am langen Ende des Tales zu. Die berittenen Kosaken bewegten sich nicht, aber die

Reihe mit Geschützen vor ihnen spie Feuer und Rauch. Robbie sah überall Männer und Pferde der Leichten Kavallerie zu Boden gehen. Die Sekunden schienen ewig lang und immer noch griffen die britischen Reiter auf voller Länge des Tales an. Dann gab es nur noch Durcheinander, als die Männer geradewegs zwischen die Geschütze preschten, die Männer mit erhobenen Schwertern. Sogar in drei Meilen Entfernung war nichts anderes mehr zu hören als Rufen und Schreien, von Menschen oder sterbenden Pferden; blaue, rote und graue Jacken wie ineinander verknotet am Ende des Tales.

Robbie stand wie versteinert auf dem Berg und starrte auf das Schlachthaus unter ihm. Dann bemerkte er die einsame Gestalt die auf sie zuritt; immer noch im Sattel im langsamen Schritt. Es war Lord Cardigan, der sich ohne seine Männer zurückzog. Um ihn herum nur noch Pferde ohne Reiter, die in panischer Angst wild durch das Tal galoppierten.

Plötzlich zuckte Robbie zusammen. Peter! Irgendwo da unten war Peter. Er musste ihn finden.

Er wusste nicht genau wie, aber er kam den steilen Abhang heil hinunter. Unten rappelte er sich auf und rannte stolpernd zu all den Sterbenden und Toten, die überall im Tal lagen. Er musste Peter finden … er musste ihm helfen …

Robbie bemerkte das durchgegangene Pferd nicht, das von der Seite auf ihn zugaloppiert kam. Plötzlich flog er durch die Luft. Als er mit einem dumpfen Plumps auf dem harten, steinigen Erdboden aufschlug, wurde alles schwarz um ihn herum.

Barracks-Krankenhaus

Robbie merkte, dass ihn jemand herumrollte und seinen Kopf drehte. Dann eine Stimme, die von ganz weit her zu rufen schien: »He! Der hier lebt noch! Bringt den Karren hierher!«

Halb wachend halb schlafend hörte Robbie Schreie … Kanonendonner … Kreischen … Schreien … aber alles war weit, weit weg. Er wurde auf einen Karren gehoben, der schon überfüllt war mit verwundeten Soldaten. Robbie presste die Augen zu und versuchte zu denken. Was war passiert? Warum tat sein ganzer Körper weh, jedesmal, wenn der Karren holperte? Aber die Anstrengung war zu groß. Ein paar Augenblicke später versank er wieder in gnädiger Dunkelheit.

***

Robbie öffnete die Augen. Über sich sah er die hohen Masten eines Segelschiffes, das auf den Wellen schaukelte. Die Dämmerung brach herein; zwei oder drei Sterne konnte man schon am Himmel sehen.

Und dann erinnerte er sich: Peter. Er war auf der Suche gewesen nach Peter. Schlagartig kam alles wieder zurück, wie ein Fausthieb in den Magen.

Die Leichte Kavallerie hatte die russische Reiterei angegriffen; die russischen Kosaken und ihre schweren Geschütze.

Robbie versuchte unter großen Schmerzen, sich aufzusetzen. Mit seinem Fuß und der guten Hand drückte er sich vom Boden hoch, bis er mit dem Rücken aufgerichtet an der Bordwand saß. Links und rechts von ihm lagen Verwundete über das ganze Deck verteilt. Manche lagen still in Bewusstlosigkeit da, andere stöhnten und riefen um Hilfe. Wieder andere saßen so wie Robbie aufrecht da, Arme und Kopf auf den Knien. Männer in Uniformen gingen über Deck, hatten andere Verwundete auf den Armen und suchten Platz, um sie abzulegen.

Im Hintergrund hörte er streitende Stimmen, aber er kümmerte sich nicht darum. Dann aber hörte er seinen Namen.

»Robinson. Sein Name ist Robbie Robinson – ein Junge, vielleicht zwölf Jahre alt; Trommler bei der Sechsundachtzigsten.«

Das war sein Name. Jemand suchte ihn. Irgendwie war ihm die Stimme bekannt, aber woher …?

Plötzlich beugte sich ein dicker Bart herunter zu Robbie und das Paar Augen darüber schaute ihn an. »Also! Da bist du ja! Mein Gott, bin ich froh, dass du lebst.« Der Mann schaute ihn prüfend an. »Hast dich aber offensichtlich ziemlich zusammenhauen lassen.«

Jetzt erinnerte sich Robbie wieder. Das war der Mann von der Zeitung, William Russel.

Robbie schluckte und versuchte, zu sprechen. »Peter … mein Bruder … Siebzehnte Lanzenreiter. Ist … ist er am Leben?«

Der Mann schnaubte. »Ich weiß es nicht, Junge. Wäre ein Wunder, wenn er noch lebte. Sie suchen immer noch nach Überlebenden und registrieren die Toten. Aber …«, seine Stimme wurde jetzt weicher. »Ich würde die Hoffnung nicht aufgeben. Tapfere Männer, jeder Einzelne, aber dieser Befehl war ein Selbstmordkommando – eine Tragödie.«

Robbie hob seine gute Hand und packte den Mann beim Ärmel. »Mr. Russel!«, sagte er mit heiserer Stimme. »Bitte finden Sie heraus, was mit Peter …«

William Russel löste sanft die Finger des Jungen. »In Ordnung, Junge. Ich werde sehen, was ich tun kann.«

***

Das Schiff stach mit der nächsten Flut in See. Robbie schlief mit Unterbrechungen die Nacht durch. Er legte sich so nah wie möglich an die Verwundeten neben ihm heran, um es etwas wärmer zu haben. Der Wind blies empfindlich durch seine Uniformjacke. Als der Morgen graute hörte er Ächzen und Schleifen, als ob Männer eine schwere Last beförderten. »Zuuugleich!«, kommandierte jemand, und dann ein Platschen. Mehr Ächzen, noch einmal »zuuugleich!« und noch einmal Platsch.

Robbie blinzelte und riss die Augen auf. Die Seeleute warfen Leichen über Bord. Männer, die in der letzten Nacht gestorben waren.

Ein plötzlicher Gedanke machte ihn vollends wach. Was, wenn – was, wenn Peter einer dieser Toten war? Was, wenn Peter einer der Verwundeten auf diesem Schiff war und er, Robbie, wusste davon nichts? Was, wenn er starb, ohne dass Robbie ihn gefunden hatte?

Er packte eines der Taue mit seiner guten Hand und zog sich auf die Füße. Dieses Schiff kam ihm bekannt vor. Er sah sich um und stellte fest, dass es die Andes war, dasselbe Schiff mit dem seine Einheit und er zur Krim gekommen waren. Er klammerte sich fest an das Tau. Jeder Knochen und jeder Muskel schmerzten, aber nichts schien gebrochen zu sein. Der Verband um seine linke Hand war schmutzig, zerrissen und blutverkrustet, aber das war keine neue Verletzung.

So ermutigt, ließ Robbie das Tau los und wollte über den Verletzten steigen, der vor ihm lag. Ein plötzlicher Ruck, als das Schiff auf die nächste Welle prallte, schickte ihn wieder zu Boden. Sofort wurden Flüche und Verwünschungen laut, als er mit mehreren Verwundeten zusammenstieß, die zusammengekauert in einer Ecke saßen.

»Junge, lass das lieber solange bleiben, bis du etwas im Magen hast«, rief eine freundliche Stimme. Ein Matrose nahm Robbie und setzte ihn wieder hin. Dann griff er in den Korb, den er über dem Arm hatte, und holte einen trockenen Brotkanten heraus. »Hier, nimm erst mal das. Ist nicht gerade ein Festessen, aber es wird dich auf die Beine bringen.«

Der Matrose ging weiter und verteilte die harten trockenen Brotstücke an alle Verwundeten, die etwas essen konnten. Hinter ihm ging ein anderer Matrose, der einen Eimer Wasser und eine Kelle trug. Robbie griff nach der Kelle und trank durstig. Erst jetzt wurde ihm bewusst, dass er seit gestern Morgen nichts mehr gegessen oder getrunken hatte.

Dann hatte er das letzte bisschen von dem salzigen Brotkanten aufgegessen. Robbie rappelte sich wieder auf, ging langsam über Deck, und betrachtete prüfend die blutigen und verschmutzten Gesichter der Männer. Da waren Uniformen von den verschiedensten Regimentern – Reiterei und Fußsoldaten. »Peter?«, fragte er immer wieder. »Peter Robinson … weiß irgendjemand ob Peter Robinson hier ist?«

Ein großer kräftiger Matrose ging mit einem aufgerollten Tau an ihm vorbei. Robbie hielt ihn am Ärmel fest. »Mister, haben Sie – haben Sie heute Morgen bei der Bestattung der Leichen mitgeholfen?«

Der Mann sah ihn an. »Ja. Was ist damit?«

Robbie schluckte. Er hatte Angst seine Frage zu stellen. »Hieß einer der Toten Robinson? Peter Robinson, vom siebzehnten Regiment der Lanzenreiter?«

Die Anspannung im Gesicht des Mannes ließ nach. »Bin mir nicht ganz sicher, aber« – er kratzte seinen Bart – »nein, ich glaube nicht. Der Kapitän hat auch eine Liste. Du kannst bei ihm nachfragen.«

In Robbie keimte Hoffnung. Er setzte seinen Weg fort, über Arme und Beine steigend, bis hin zum Heck und dann auf der anderen Seite wieder zurück. Er bemühte sich, die zerfetzten Uniformen und blutigen Gliedmaßen zu ignorieren, und nur die Gesichter anzusehen.

Es war jetzt heller Tag, aber der Himmel war bewölkt und grau. Der Seegang war ziemlich rau und die Segel über ihm spannten sich im kräftigen Südwestwind. Robbie musste sich mit seiner guten Hand festhalten, wo er nur konnte, als er sich weiterschleppte. Das schmerzhafte Klopfen in seinem linken Arm versuchte er nicht zu beachten.

Er hatte sich gerade an einer Schiffskanone vorbeigearbeitet, als er plötzlich eine wimmernde Stimme hörte: »Robbie ... hilf mir!« Erschreckt versuchte Robbie auszumachen, woher die Stimme kam. Dann hörte er es wieder ganz leise: »Robbie, hilf mir!«

Mit aufgerissenen Augen bemerkte Robbie nun die schmale Gestalt die fast genau vor seinen Füßen lag. »William!«, rief er. Er fiel auf seine Knie und nahm die Hand, die der ältere Junge ihm hinstreckte. Er konnte seinen Freund kaum wiedererkennen. Williams Haare waren mit Schmutz und Blut verfilzt. Aber es war Williams rechtes Bein, das ihm den größten Schreck versetzte. Das Hosenbein war fast völlig abgerissen und das Bein darunter war nur noch eine breiige Masse aus Blut Knochen und Fleisch.

Robbie starrte entsetzt darauf, dann kam er zu sich und stand auf. »Ein Arzt, ein Arzt! Dieser Soldat braucht sofort einen Arzt!«, schrie er. Er taumelte hinüber zu den beiden Matrosen, die gerade durch eine der Luken an Deck gekommen waren. »Mister, wo ist der Arzt? Mein Freund braucht sofort einen Arzt!«

»Sachte, sachte junger Mann«, sagte der Seemann. »Wir haben nur einen einzigen Arzt an Bord dieses Schiffes. Er ist in diesem Augenblick unter Deck und operiert die schlimmsten Fälle.«

»Schlimmsten Fälle ... unter Deck?« Robbie starrte den Mann ungläubig an. »Sie meinen, unter Deck sind noch mehr Verwundete?«

Der Matrose schnaubte geräuschvoll. »Junge, wir haben mehr als fünfhundert Verwundete und Kranke an Bord dieses Schiffes – aber bei der Sterblichkeitsrate werden es sicher weniger sein, wenn wir in Scutari ankommen. Tut mir leid Junge – aber alles, was wir für die hier oben tun können, ist ihnen genug Wasser und Brot zu geben, um sie am Leben zu halten, bis wir sie ins Lazarett bringen können. Und zusätzlich kann man dann nur hoffen, dass sie keine Cholerabakterien in ihre Säbel- und Schusswunden kriegen.«

Der Matrose schwang sich auf die Leiter, die zum Vordeck hinauf führte und Robbie sank neben William zu Boden. Williams Augen waren riesig – ein einziges Flehen.

»Halt durch William«, sagte Robbie und versuchte zuversichtlich zu klingen. »Wir bringen dich ins Krankenhaus.«

***

Die Reise über das Schwarze Meer nach Scutari dauerte zehn Tage. Die H.M.S. Andes kämpfte gegen hohe Wellen und Sturm, kreuzte hin und her, erst nach Osten, dann nach Westen, beim Versuch den Bosporus zu erreichen.

Robbie blieb in unmittelbarer Nähe von William, der von einem Delirium ins nächste fiel. Er bat einen der Matrosen um eine Extraration Wasser und versuchte den Schmutz von Williams Bein zu waschen. Dann schälte er sich aus seiner Uniformjacke und zog sein Hemd aus. Das wickelte er nun um das zerschmetterte Bein.

Mit jedem Tag fühlte Robbie sich schwächer und müder. Aber jeden Tag kämpfte er sich auf die Beine und machte seine Runde durch die Verwundeten, auf der Suche nach Peter. Die Matrosen erlaubten ihm nicht, nach unten zu gehen – aber einmal, als die Luke ver-

49

sehentlich offen gelassen worden war, kroch Robbie die Leiter hinunter und suchte dort weiter. Manche Männer, ohne Verletzungen, lagen da, stöhnten und husteten. Robbie erkannte die Symptome der Cholera und eilte schnell vorbei. Weiter hinten am Heck sah er einige Matrosen, die einen schreienden Mann festhielten – mit Entsetzen wurde ihm klar, dass der Arzt gerade das Bein des Mannes abnahm. Er stolperte schnell zurück nach vorn und versuchte die Übelkeit, die in ihm aufstieg, zu unterdrücken.

Die Toten wurden alle paar Stunden über Bord geworfen – Tag und Nacht.

Schließlich ging die Andes im Hafen von Scutari vor Anker. Den ganzen Tag lang wurden die Verwundeten auf lange Boote umgeladen und an Land gerudert. Die Männer unter Deck – die sogenannten »schlimmsten Fälle« – wurden zuerst von Bord gebracht. Danach kam das Oberdeck an die Reihe. Endlich hoben einige Matrosen William, der leider alles Andere als bewusstlos war, in eine breite Trageschlaufe und ließen ihn in das unten festgemachte Boot hinab. Ein Matrose ergriff Robbie an den Ellenbogen und reichte ihn so in die wartenden Arme hinunter. Robbie musste die Zähne zusammenbeißen, um nicht laut aufzuschreien. Seine Hand und sein Arm schmerzten fürchterlich.

Am Ufer wurden die Verwundeten in türkische Arabas gepackt, kleine Karren mit zwei Rädern, die von struppigen Pferden den furchigen Lehmweg hoch zum Barracks-Lazarett gezogen wurden. Diejenigen, die laufen konnten, halfen sich gegenseitig, den Hügel zu erklimmen.

William wurde in ein Araba gelegt. Robbie hatte Angst ihn zu verlieren und so hielt er sich an dem Stiefel fest, der hinten am Karren baumelte und stolperte hinterher. Warum fühlte er sich nur so schwach? Warum brannten seine Augen so?

Wie im Nebel lief Robbie den türkischen Trägern hinterher, die mit den Verwundeten in das große festungsähnliche Gebäude gingen. Er versuchte William nicht aus den Augen zu verlieren, während die nervösen Ärzte die Flut von Notfällen, die von der Andes hierher schwappte, zu dirigieren versuchten. Zunächst wurde William auf einem Flur untergebracht. Robbie sank an seiner Seite nieder und hob Williams Kopf in seinen Schoß.

Stunden vergingen. Niemand brachte ihnen Wasser oder Essen. Endlich kamen zwei englische Ärzte, hoben William hoch und brachten ihn in ein großes Zimmer. Robbie rappelte sich mühsam auf und ging hinterher. William, der nur halb bei Bewusstsein war, wurde auf eine große Holzplattform gelegt, die einige Zenitmeter über dem Fußboden angebracht war und um die ganze Zimmerwand herumlief.

»Weißt du, wie dieser Soldat hier heißt?«, fragte einer der Ärzte.

»Bitte … können wir was zu essen und zu trinken haben?«, flüsterte Robbie matt.

»Sein Name?«, bohrte der Mediziner.

»Gefreiter William Jones, Sechsundachtzigstes-Infanterie-Regiment«, sagte Robbie tonlos. »Und ich bin Robbie Robinson, Trommler, Sechsundachtzigstes-Infanterie-Regiment.«

Die beiden Männer verschwanden. Kurze Zeit später wurde eine große Schüssel mit einer dampfenden Flüssigkeit hereingebracht. Die Flüssigkeit wurde in billige Zinntassen eingegossen und weitergereicht. Robbie versuchte ein bisschen von der Flüssigkeit in Williams Mund zu träufeln, dann trank er selbst davon. Es schmeckte nach Kohlwasser und es schwammen ein paar aufgeweichte Gemüsestücke darin.

Trotzdem tat es gut, etwas warmes in den Magen zu bekommen. Robbie legte sich auf die Holzplattform neben William und schloss die Augen. Er hörte unterhalb der Plattform ein Kratzen und Rascheln – Ratten! – Und der Gestank von dem überquellenden Mülleimer in der Zimmerecke und den vielen ungewaschenen Männern war so stark, dass Robbie meinte, die »Suppe« die er eben gegessen hatte, würde postwendend wieder herauskommen.

Er fiel in einen unruhigen Schlaf. Im Traum sah er immer wieder die Leichte Kavallerie im Nordtal die Reihe der russischen Kanonen angreifen … sah die Pferde in einem Wirbel aus Staub und Beinen zu Boden gehen … sah wie Schwerter und Säbel in die Luft schlugen …

Im Dunkeln wachte er auf. Er schwitzte. Zunächst wusste er nicht, wo er war. Aber dann hörte er die trippelnden Füße unterhalb der Plattform, hörte das Stöhnen der Verwundeten um ihn her … und ließ sich verzweifelt zurückfallen.

Vielleicht wäre es besser gewesen, auf dem Schlachtfeld zu sterben, als hier in diesem trostlosen Loch zu verrecken.

Draußen auf dem Flur sah er den Schein einer Lampe, die vorbeihuschte. Dann kam die Lampe ins Zimmer und warf große unheimliche Schatten an die Wand. Die Gestalt neben der Lampe ging leise im Zimmer umher, hielt neben jedem Soldaten an, sagte einige Worte und ging dann weiter.

Robbie kniff seine schmerzenden Augen zusammen und versuchte genauer hinzusehen. Irgendetwas an dieser Person mit der Lampe schien ihm vertraut. Von der Figur und der Kleidung her, sah es fast nach einer Frau aus. Aber das war unmöglich! Dann, als die Gestalt näher kam, hörte Robbie das Rascheln eines langen Kleides auf dem Boden.

Er stützte sich auf dem rechten Ellenbogen hoch. Die Lampe beleuchtete William und eine schmale Hand strich sanft über die Hand des jungen Soldaten. Dann kamen die Lampe und die Frau zu Robbie.

Kurz erhellte die Lampe das Gesicht der Frau. Robbie sah weiches, gewelltes rotgoldenes Haar, das von einem schmalen Gesicht unter eine einfache weiße Haube zurückgekämmt war.

Dieses Gesicht … er kannte das Gesicht! War das ein Traum? Oder … konnte es wirklich …

»Miss Nightingale!«, japste er und zitterte am ganzen Körper. »Sie sind es!«

Nachricht aus Balaklava

Die Frau sah Robbie verblüfft an. »Du kennst meinen Namen? Wer bist du?« Sie hielt die Lampe näher an sein Gesicht. »Aber – du bist ja gerade ein Junge.«

»Ich bin es, Miss Nightingale, Robbie Robinson, aus Wellow Village. Trommler … Sechsundachtzigstes-Infanterie-Regiment.

»Ja«, sagte sie leise. »Ich erinnere mich.« Er fühlte ihre kühle Hand auf seiner Stirn. »Meine Güte, du glühst ja vor Fieber!«

»Kümmern Sie sich nicht um mich, Miss Nightingale«, sagte Robbie heiser. »Ist bloß meine Hand. Aber William braucht Hilfe so schnell es geht. Wenn er die nicht bald bekommt, stirbt er wahrscheinlich.«

Einen Augenblick lang schwieg sie – dann hörte er sie murmeln, »Ach, Gott, warum all das Gemetzel und dieses Elend?« Sie stand schnell auf. »Ich werde es versuchen, Robbie. Aber hier sind so viele Verwundete und zu wenige Ärzte. Wir haben Krankenschwestern, aber … ach was soll ich dich damit belasten. Versuch zu schlafen. Ich versuche mein Möglichstes.«

Robbie sank zurück auf die Plattform und beobachtete Miss Nightingales Lampe bei ihrer Runde zu den anderen Verwundeten. Schließlich verschwand der Lampenschein auf dem Flur und wurde von der Finsternis verschluckt.

***

Robbie wurde von einigen Frauenstimmen geweckt.

»Was den Dreckeimer hier ausleeren?«, beschwerte sich eine weinerliche Stimme. »Aber Miss Nightingale, ich dachte wir würden hier pflegen! Ich bin doch nicht den weiten Weg von England hierher gekommen um Spucknäpfe und Toiletteneimer auszuleeren wie ein Dienstbote.«

»Dann haben Sie ihren Auftrag gründlich missverstanden«, sagte ruhig eine andere Frauenstimme. Robbie erkannte Florence Nightingales Stimme. »Wir sind hier um zu tun, was immer nötig ist, um diesen kranken und verwundeten Männern zu helfen. Augenblicklich scheinen die Ärzte uns nichts weiter zu erlauben, als Spucknäpfe und Toiletteneimer auszuleeren – also leeren wir Spucknäpfe und Toiletteneimer!«

Robbie musste sich sehr anstrengen, um die Augen zu öffnen. Warum nur, fühlte er sich so schwach? Endlich hatte er sich auf seinen rechten Ellbogen hochgearbeitet und sah sich um. Es war Morgen. Die kalten und schmutzigen Fenster ließen zumindestens Tageslicht herein. Miss Nightingale und eine andere Frau kämpften gerade mit aufgekrempelten Ärmeln mit dem großen Eimer, der in der Ecke stand.

Robbie fühlte, dass etwas nicht stimmte. Er sah sich suchend um. Es lagen immer noch verwundete Soldaten um ihn herum, die unruhig schliefen. Andere saßen aufrecht und fluchten oder murmelten leise vor sich hin. Und dann merkte er, was los war.

William war weg.

»Miss Nightingale!« Er versuchte laut zu rufen, aber seine Stimme kam nur krächzend und leise heraus. »Wo haben sie William hingebracht?«

Die große schlanke Frau lief schnell zu ihm. »Still, Robbie, keine Aufregung! Dein Freund ist zur Operation geholt worden. Dort ist er jetzt. Aber …« Sie wandte sich um und sah die junge Schwester an, die mit den Händen in den Hüften neben dem stinkenden Eimer stand und sie anfunkelte. »Warte ein paar Minuten, Robbie. Ich bin gleich zurück.«

Die beiden Frauen ergriffen gemeinsam die Henkel des Bottichs und trugen den stinkenden Behälter vorsichtig aus dem Zimmer. Nach etwa fünf Minuten war Florence Nightingale wieder an seiner Seite. Ihre Ärmel waren wieder heruntergekrempelt, die weißen Manschetten zugeknöpft und ihre Hände rochen nach Seife. Sie hatte eine große Schere bei sich.

»Robbie zeig mir bitte einmal deine linke Hand«, sagte sie. »Ich muss diesen alten Verband abschneiden.«

Vorsichtig schnitt sie an dem alten schmutzigen Stück Tuch, das schon seit Wochen um seine Hand gewickelt war. »Wann ist das passiert?«

»Ach das war nur ein Stück von einem Schrapnell … hat mich da erwischt«, presste er zwischen den Zähnen hervor und ächzte, als der Fetzen, verkrustet mit Blut und Schmutz, von der schmerzenden Wunde entfernt wurde. »In der Schlacht am Alma-Fluss bei Sebastopol.«

Sie sah ihn mit blitzenden Augen an: »Aber das war im September, fast sechs Wochen her! Und du wirst erst jetzt in ein Lazarett gebracht?«

»Nein, nein«, widersprach er und ächzte wieder. »Ich bin nicht wegen meiner Hand hier. Ich … wir … ich meine, ich versuche Peter zu finden, nachdem die Leichte Kavallerie …« Er konnte nicht weitersprechen. Nach einer langen Pause, während der Florence Nightingale weiterschnippelte und ihm ab und zu einen prüfenden Blick zuwarf, holte er tief Luft und fuhr fort. »Irgendwas hat mich bewusstlos geschlagen. Ich dachte, ich hätte einen Schuss abbekommen, aber ich habe keine Löcher an mir gefunden. Aber die Pferde waren alle durchgegangen … sie hatten ihre Reiter verloren. Ich glaube eines von ihnen …« Er brach ab.

»Wo ist dein Bruder Peter?«, fragte Miss Nightingale behutsam.

Robbie sah sie aus fieberglänzenden leeren Augen an. »Weiß ich nicht«, flüsterte er. »Auf der Andes war er jedenfalls nicht.«

Sie nickte mit grimmigem Gesicht. »Es liegen noch zwei Schiffe mit Verwundeten aus der Schlacht bei Balaklava im Hafen. Und Hunderte, die nicht verwundet sondern krank sind, alle zusammengepfercht, damit sich auch die weniger stark Verwundeten anstecken.« Sie schaute in Robbies Gesicht, das blass geworden war, trotz des hohen Fiebers. »Es tut mir leid Robbie, aber ich fühle mich so machtlos und es macht mich so wütend, wenn ich all das Elend sehe, das verhindert werden könnte. Ich werde die Namenslisten der Schiffe überprüfen und herausfinden, ob dein Bruder hierher gebracht wurde.«

Mit einem letzten Schnippen ihrer Schere wollte sie den letzten Rest des Verbandes entfernen, aber das Stück klebte fest an der Wunde. Ganz langsam, Stück für Stück, wurde das letzte verkrustete Verbandsteil entfernt.

Entsetzt starrte Robbie auf seine Hand. Die Wunde auf seinem Handrücken sah viel schlimmer aus, als er das erwartet hätte. Eiter und Blut flossen aus der offenen Wunde und die umgebende Haut war dick geschwollen und rot.

»Kein Wunder, dass du so hohes Fieber hast«, sagte Florence Nightingale. »Das Schrapnellstück ist immer noch in der Hand und das ganze ist hochgradig entzündet. Komm, wir müssen deine Jacke ausziehen.« Sie half Robbie aus der schmutzigen Uniformjacke; plötzlich fiel ihm ein, dass er nur seine Unterwäsche darunter an hatte, weil er sein Hemd benutzt hatte, um Williams Bein zu bandagieren.

Vorsichtig untersuchte sie seine Hand und seinen Arm. »Robbie, schau mich bitte an«, bat sie schließlich. Er versuchte, sich auf ihr Gesicht zu konzentrieren – so sanft und gütig. »Deine Hand ist sehr schlimm entzündet. Die Infektion hat sich schon auf den Arm ausgebreitet. Siehst du hier diese roten Streifen? Diese Infektion macht dich so krank. Höre mir jetzt genau zu.« Ihre Augen hielten seinen Blick ganz fest. »Ich weiß nicht, ob deine Hand gerettet werden kann. Das Wichtigste ist, dein Leben zu retten. Verstehst du das?«

Robbie versuchte weiter, sich auf ihr Gesicht zu konzentrieren, aber das Zimmer begann sich um ihn zu drehen. Sein Körper wurde von Fieber geschüttelt, er fror, obwohl ihm Kopf und Augen brannten.

Ganz weit entfernt hörte er Miss Nightingales Stimme, sanft aber bestimmt. »Was ich meine Robbie, ist

Folgendes: Vielleicht muss der Arzt deine Hand abschneiden. Du musst tapfer sein. Das ist der einzige Weg.«

***

Robbie starrte auf den verbundenen Stumpf am Ende seines linken Armes, der in einer Schlinge steckte. Sieben Tage waren vergangen, seit sie ihm die Hand abgeschnitten hatten. Die Fieberanfälle waren vorbei, aber er fühlte sich immer noch schwach und lustlos. Er saß einfach nur da, auf dieser hölzernen Plattform in einem viel zu großen und unförmigen Krankenhauskittel und starrte die Wände an.

Als die Ärzte zu ihm kamen, war er schon im Fieberwahn gewesen. Wie durch Nebel hatte er gespürt, dass Florence Nightingale die ganze Nacht lang immer wieder nach ihm schaute. Sie flößte ihm Wasser ein und legte ihm beruhigend ihre kühle Hand auf die glühende Stirn. Und dann kamen die Ärzte und halfen ihm den langen Korridor hinunter zum Operationszimmer. Er stolperte den Weg entlang und musste von beiden Seiten gestützt werden. Dann hatten sie ihn auf einen Tisch gehoben. Er wollte fragen, was jetzt passieren sollte, aber keiner sprach mit ihm. Ein Mann, dessen Hemd unter den Hosenträgern mit Blut vollgespritzt war, befahl harsch: »Haltet den Jungen fest!« Dann wurden seine Arme, Beine und Schultern schwer an den Tisch gedrückt.

»Bitte Dr. Hall! Geben Sie dem Jungen etwas Chloroform«, bat eine vertraute Frauenstimme. Robbie wand sich zur Seite und versuchte durch das Gewirr von Armen, die ihn festhielten, Miss Nightingale zu sehen.

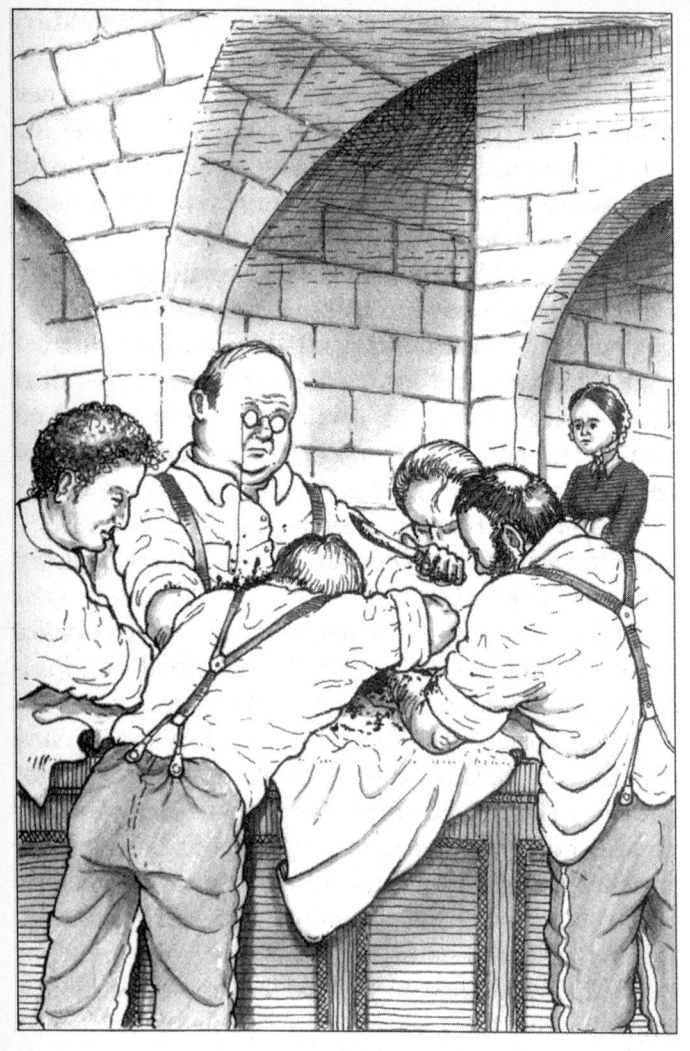

»Unsinn!«, schnaubte der Mann. »Das hier sind Soldaten. Der plötzliche Schmerz durch das Messer belebt kolossal.«

»Soldat? Das hier ist ein Junge!«, argumentierte sie weiter.

»Verschwinden Sie, Miss Nightingale«, herrschte der Arzt, »oder ich lasse Sie hinauswerfen! Ein Militärlazarett ist kein Ort für Frauen.«

Robbie wollte schreien: Nein! Gehen Sie nicht! Aber er wurde überrollt von diesem furchtbaren, brennenden Schmerz in seinem linken Unterarm. Er hörte einen Schrei, den er gar nicht als seinen eigenen erkannte.

Und dann war er in Ohnmacht gefallen.

»Heh«, sagte William mit trockenem Humor, »ich weiß gar nicht, wieso du dich beklagst. Wenigstens kannst du aufstehen und herumlaufen. Was soll ich sagen? Ich habe mein Bein verloren.«

Robbie sah seinen Freund an, der vor einer Wand saß. Er hatte Recht. Williams Bein war direkt unterhalb des Knies abgenommen worden. Aber, wie Miss Nightingale immer wieder betonte, hatte das vermutlich sein Leben gerettet.

»Ich weiß ja«, murmelte Robbie beschämt. »Es ist nur … na ja, was soll ich jetzt denn anfangen? Mit einer Hand kann ich doch keine Trommel mehr spielen.«

»Du fragst mich, was du jetzt anfangen sollst?« Williams Stimme hatte einen sarkastischen Ton angenommen. Er zeigte mit ausladender Gebärde auf alle anderen Soldaten im Zimmer. »Was soll überhaupt irgendeiner von uns anfangen? Einige von ihnen werden sie zusammenflicken und wieder zu ihren Regimentern schicken, damit sie bei der nächsten Schlacht zerschossen oder aufgespießt werden können. Aber die meisten von uns humpeln nach Hause und vermissen fortan das eine oder andere Körperteil. Und die Glücklichen – wie du – haben wenigstens ein Zuhause.«

Robbie sah William entgeistert an. »Wie meinst du das? Hast du denn kein Zuhause wo du hin kannst?«

William lachte bitter. »Nein, hab ich nicht. Was denkst du denn, warum ich schon mit sechzehn Jahren zur Armee gegangen bin? Die meisten Jungen drücken in meinem Alter noch die Schulbank. Oder sie haben wenigstens eine Arbeit als Lehrling bei ihrem Vater oder vielleicht bei einem Onkel.«

Robbie hob die Schultern. »Peter war sechzehn, als er bei den Lanzenreitern anfing. Unser Vater war gestorben und er dachte, das wäre ein guter Weg, Geld zu verdienen und Mama zu unterstützen.«

»Na ja, ist es ja auch«, seufzte William. »Nur ... ich habe keinen Vater und keine Mutter. Hatte ich auch nie. Wenigstens kann ich mich nicht erinnern. Die Armee ist so das Familienähnlichste, was ich kenne, aber ich wette, die wollen keinen einbeinigen Gefreiten hier rumlaufen lassen.«

Robbie saß gedankenverloren da. William hatte Recht. Es war weitaus schlimmer, ein Bein zu verlieren, als eine Hand. Trotzdem grübelte er finster weiter, William konnte wenigstens noch Dinge tun, für die man eben zwei Hände braucht, wie schnitzen, Kühe melken oder einen Nagel in die Wand schlagen. Das würde er, Robbie, alles niemals mehr können.

Der Junge schüttelte den Kopf, so als wolle er die düsteren Gedanken abschütteln, wie ein Hund das Wasser aus seinem Fell schüttelt. Er musste sofort damit aufhören! Andernfalls würde er verrückt werden vor lauter Selbstmitleid.

»Moment mal«, sagte er zu William, »bloß, weil du nur noch ein Bein hast, heißt das noch nicht, dass du dich nicht von der Stelle rühren kannst.« Er rutschte von der Holzplatte und stand auf – noch ein bisschen unsicher auf den Beinen. »Ich geh mal und besorge dir ein paar Krücken.«

Während er schlief, hatte jemand seine Uniformjacke gewaschen und sie ihm sauber als Decke umgelegt. War das Miss Nightingale gewesen? Jetzt zog Robbie die Jacke an. Den linken Ärmel ließ er leer hängen und ging noch etwas wackelig zur Tür. Der breite Flur war wieder vollgestopft mit Verwundeten. Er stieg vorsichtig über Beine, Stiefel und andere Gliedmaßen. Bei all dem versuchte er so wenig wie möglich zu atmen. Dieser Geruch nach Eiter und ungewaschenen Menschen war ihm zwar nun bekannt aber immer noch sehr unangenehm. Woher kamen denn all diese Männer? Immer noch von der Schlacht bei Balaklava?

Am Ende des Flures blieb er stehen, weil er nicht genau wusste, nach welcher Seite er weitergehen sollte. Einer der Ärzte balancierte vorsichtig zwischen den Verletzten herum und versuchte Namen und Daten festzustellen. »Mister«, rief Robbie laut, »wo kann ich Miss Nightingale finden?«

»Miss wen?«, fragte der Arzt und hob nicht einmal den Kopf. »Ach – die Frau.« Er deutete mit dem

Daumen nach links. Dort war wieder ein langer Gang.

Robbie lief weiter. Entsetzt sah er überall Verletzte und Kranke liegen. Wenn das in dem Tempo weiterging, würde bald nicht mehr viel übrig sein von der britischen Armee.

Er musste noch mehrfach nach dem Weg fragen, bis er endlich zwei kleine Zimmer ganz am Rand des Krankenhauses erreichte. Er schaute in das erste Zimmer und sah eine stattliche Anzahl von Frauen, dreißig oder vierzig, die dicht gedrängt hier warteten. Manche saßen auf Stühlen, andere auf dem Boden. Sie alle trugen das gleiche Kleid aus graubraunem Wollstoff, eine weiße schmucklose Haube auf dem Kopf, und einen Schal locker um die Schultern gelegt. Einige von ihnen rissen Stoffe in Streifen und rollten die Bänder dann zu kleinen Ballen; andere nähten lange Stoffstücke aneinander.

Von Robbie nahm niemand Notiz und er traute sich kaum zu sprechen: »Miss Nightingale, bitte?«

»Nanu, wer ist denn das?«, fragte die Frau, die neben der Tür saß, freundlich. Mütterlich betrachtete sie ihn. »Bist du nicht ein bisschen zu klein, um hier in dieser Ecke des Krankenhauses herumzustromern? Und – du meine Güte, er hat seine Hand verloren, ach du Armer!« Sie schluckte mitfühlend und zog ihn ins Zimmer. »Ich bin Mrs. Roberts, Jungchen. Wie können wir dir helfen?«

Robbie stand ganz verdattert da. Das mussten wohl die Krankenschwestern sein, die Miss Nightingale erwähnt hatte – Frauen, die kranke Menschen pflegen konnten! Aber warum saßen sie hier herum wie beim Kaffeekränzchen, wenn draußen auf den Fluren Hunderte von kranken und verwundeten Männern unversorgt dalagen?

Die Hände hielten alle inne und alle Augen starrten ihn an. Robbie bemerkte jetzt entsetzt, dass er seine Gedanken wohl laut ausgesprochen hatte.

»Kein Wunder, dass du dich das fragst, mein Junge«, sagte Miss Roberts begütigend. »Wir haben Miss Nightingale selbst schon gefragt, warum das so ist.« Von allen Seiten hörte man zustimmendes Gemurmel. »Aber in Armeekrankenhäusern tut man sich schwer bei dem Gedanken, dass Krankenschwestern für irgendetwas anderes gut sein könnten, als Fußböden zu schrubben oder Bettwäsche zu waschen – wenn es welche zu waschen gäbe. Gott weiß, wie schlecht es damit bestellt ist.« Sie seufzte und schüttelte den Kopf. »Jetzt tun wir einfach, was im Hintergrund möglich ist, um zu helfen. Wir reißen Streifen für Verbände und nähen Bettlücher für die Betten.«

Robbie, der sich schon weit vorgewagt hatte, sagte ärgerlich: »So tun Sie's doch einfach! Wer kümmert sich darum, was diese dummen Ärzte denken? Die Menschen sterben da draußen!« Seine Lippen zitterten. »Vielleicht liegt sogar mein Bruder da draußen und wartet darauf, dass ihm jemand hilft!«

»Nein, Robbie, wir können nicht einfach vorpreschen und das Kommando übernehmen«, sagte eine ruhige Stimme hinter ihm. Er fühlte Miss Nightingales Hand auf seiner Schulter. Sie war gerade ins Zimmer gekommen. »Es braucht Zeit, bis die Ärzte sich an den Gedanken gewöhnt haben, dass Krankenschwestern ausgebildet sind, Menschen zu helfen und die Leiden zu lindern. Militärärzten fällt das besonders schwer, weil sie in einer Männerwelt leben. Wenn wir ihre Einstellung verändern wollen, müssen wir Geduld haben.«

Manchen der jüngeren Krankenschwestern sah man ihre Empörung an, aber sie wandten sich gleich wieder ihrer Arbeit zu.

»Ich bin froh, dass du hier bist, Robbie«, sagte Miss Nightingale, »ich habe nämlich eine Nachricht für dich.« Sie reichte ihm ein zusammengefaltetes Blatt, das mit Wachs versiegelt war. »Das kam mit dem Schiff, das die Verwundeten aus der Schlacht von Inkerman hierher brachte.«

Inkerman? Noch eine Schlacht? Robbie schaute auf das Papier in seiner Hand. Eine Nachricht für ihn? Sein Herz raste. Vielleicht …

Er sah Miss Nightingale gerade ins Gesicht. »Ich kann nicht lesen«, sagte er einfach und gab ihr den Brief zurück. »Würden Sie mir vorlesen, was da steht?«

Sie nickte kurz, öffnete das Siegel und las.

An Robbie Robinson, Trommler, Sechsundachtzigstes Infanterieregiment – mit freundlichen Grüßen.

Am selben Tag, als ich dich an Bord der Andes zurückließ, habe ich deinen Bruder ausgemacht, Peter Robinson, Siebzehnte Lanzenreiter. Ich bedaure, mitteilen zu müssen, dass er bei dem Angriff der Leichten Brigade den Tod fand, zusammen mit seinem treuen Pferd Wolfgang. Ich habe selbst geholfen deinen Bruder zu beerdigen. Er starb als Held, Robbie, als tapferer Soldat, der Befehle befolgte. Aber ich weiß, Robbie, dass dies deinen schmerzlichen Verlust nicht schmälert. Er starb, als der Angriff der Russen zurückgeschlagen wurde und du solltest wissen, dass Balaklava immer noch in der Hand der Briten ist, auch wenn ein entsetzlich hoher Preis an Menschenleben dafür gezahlt werden musste.

Wenn dieser Brief dich erreicht, hast du dich hoffentlich von deiner Verletzung erholt. Bis wir uns wiedersehen bleibe ich dein Freund

William Russell
The London Times

»Ich bin Ihr Mann!«

Florence Nightingale faltete den Briefbogen zusammen und steckte ihn wieder in Robbies Hand. »Es tut mir so leid, Robbie. Ich werde deiner Mutter gleich einen Brief schreiben und ihr von Peters Tod berichten. Sie hat ein Recht es zu erfahren.«

Robbie stand wie versteinert da, mit trockenen Augen und stumm. Peter war tot. In der Schlacht gefallen. Gefallen in einem Selbstmordkommando von sechshundert Reitern der Leichten Kavallerie, die mit Lanzen und Säbeln gegen dreitausend russische Reiter und Kanonenschüsse von drei Seiten angetreten waren.

In diesem Augenblick schlängelten sich zwei Ärzte mit einer Bahre durch den überfüllten Flur. Der Mann auf der Bahre war tot. Robbie nahm keine Notiz davon. Aber Florence Nightingale legte sacht ihren Arm um seine Schultern und sagte leise: »Dutzende von Männern sterben hier jeden Tag, nachdem sie tage- oder sogar wochenlang leiden mussten. Peter hat sicher nicht sehr lange gelitten, als er auf dem Schlachtfeld starb. Vielleicht … war das ein Segen.«

Robbie wusste nicht genau warum, aber er fühlte sich von ihren Worten getröstet. Er wusste, dass Peter sich eher dies ausgesucht hätte: als Soldat in der Schlacht auf dem offenen Feld zu sterben und nicht als Patient in einem überfüllten, stinkenden, dunklen Loch von Krankenhaus.

»Ich brauche Krücken«, sagte er.

Miss Nightingale war überrascht von der plötzlichen Bitte.

»Für meinen Freund William«, schob Robbie eine Erklärung nach.

»Verstehe«. Sie sah ihn nachdenklich an. »Du hast vollkommen Recht, Robbie. Wir brauchen Krücken – jede Menge Krücken – und außerdem noch viele andere Dinge: mehr Toiletteneimer und Spucknäpfe, mehr Handtücher und mehr Seife, mehr Matratzen und mehr Bettlaken, mehr Besen und mehr Aufnehmer …« Ihre Stimme erstarb und sie runzelte die Stirn, offensichtlich tief in Gedanken versunken.

Plötzlich wandte sie sich an Robbie. »Robbie, ich brauche deine Hilfe. Im Augenblick dürfen meine Krankenschwestern und ich uns nicht frei bewegen in diesem Krankenhaus. Das bedeutet, dass wir nicht überall hingehen dürfen. Obwohl wir vom Kriegsministerium hierher geschickt worden sind, haben doch Dr. Menzies, oberster Offizier bei den Sanitätern und Major Sillery, der Krankenhausdirektor, das Sagen, wenn es darum geht, was genau wir hier in der Klinik dürfen und was nicht. Und diese beiden haben nicht vor, Ärzte wie Dr. Hall zum Beispiel, vor den Kopf zu stoßen, der überhaupt nichts von Frauen in medizinischen Berufen hält.«

»Aber … wie kann ich Ihnen dann helfen?«, fragte Robbie verwirrt.

Sie senkte ihre Stimme. »Ich brauche dich, als meine Augen und Ohren. Da du ja einer der Patienten bist, wird niemand fragen, warum du durch das Krankenhaus läufst, um dir ein wenig Bewegung zu verschaffen. Ich muss wissen, was die Klinik an Vorräten hat

– und, noch wichtiger, was alles fehlt, aber dringend gebraucht wird.« Sie betrachtete Robbie eingehend. »Außerdem könnte ich, wenn du dich ein wenig kräftiger fühlst, einen Boten gebrauchen – jemanden, der sich auskennt, jemanden, der nach Scutari gehen könnte …« Sie brach ab und lächelte ihn an: »Verzeih mir, vielleicht ist das noch ein bisschen zu viel verlangt. Schließlich erholst du dich ja noch von der Operation und außerdem …«

»Nein«, protestierte Robbie. »Das ist überhaupt nicht zu viel.« Er merkte wie sich zaghaft Hoffnung in sein Herz schlich, eine kleine Freude, die den Schmerz linderte, der ihn durch die Nachricht von Peters Tod übermannt hatte. Miss Nightingale brauchte ihn. Mit verschmitztem Lächeln hob er seine gesunde, rechte Hand. »Miss Nightingale, ab jetzt bin ich Ihr Mann, Ihre rechte Hand!«

***

Robbie nahm seinen Job als »Spion« sehr ernst. Jeden Tag durchkämmte er die langen Flure des Armee-Krankenhauses, steckte seinen Kopf in verschiedene Zimmer und »Stationen«. Er versuchte zu zählen, wie viele Männer in den Zimmern jeweils lagen, wie viele auf dem Boden oder auf den Holzplattformen liegen mussten und wie viele Betten es gab. Er bemerkte, dass jede Station nur einen Toiletteneimer hatte, der von einer ungewissen Anzahl von Männern, irgendwo zwischen zwanzig und hundert benutzt wurde. Männer, die zu krank oder zu schwach waren, um aufzustehen, beschmutzten einfach ihr Bett. Die meisten Männer lagen in ihrer schmutzigen langen Unterwäsche dort. Ihm fiel auf, dass sobald ein Patient gestorben war, das Bett sofort neu belegt wurde, ohne dass Bettwäsche oder Laken ausgetauscht wurden.

Florence Nightingale hörte mit sorgenvollem Gesicht zu, wenn Robbie berichtete. »Keine Bettpfannen«, murmelte sie, »das ist schlimmer, als ich befürchtet hatte! Wir müssen mehr Vorräte bekommen! Robbie, hast du vielleicht einen Lagerraum gesehen, in dem Handtücher, Seife oder Bettwäsche aufbewahrt werden, den man vielleicht vergessen hat?«

Robbie schüttelte den Kopf. »Nein«, entgegnete er, »aber ich habe eine Treppe gesehen, die in den Keller führt. Ich werde mich dort einmal umsehen.«

»Gut«. Sie freute sich. »Dann frisch ans Werk, Robbie – ja, Mrs. Roberts?«

Die freundliche Krankenschwester hatte ihr rundes Gesicht durch die Tür gesteckt und schaute nun in den winzigen Raum, der Florence als Büro diente. »Schwester Alice und ich gehen zum Markt. Wir werden pünktlich zum Tee wieder zurück sein. Möchten Sie sonst noch etwas besorgt haben?«

»Nein, Danke Mrs.Roberts, ich …«

Robbie zog sie am Ärmel. »Bitte, Miss Nightingale, die Krücken, für William. Ich habe es ihm versprochen.«

Sie lächelte müde. »Das hast du, natürlich. Hier.« Sie nahm eine schwarze Handtasche und holte eine Banknote heraus, ein Pfund in englischer Währung. »Geh zusammen mit Mrs. Roberts und Schwester Alice. Sieh zu, ob du ein Paar Krücken für William findest.«

***

Die Krücken waren sehr einfach, aber Williams Augen leuchteten auf, als ob sie aus Gold wären.

»Und Miss Nightingale hat dir von ihrem eigenen Geld etwas gegeben, damit du mir die kaufen konntest?«, rief er voll ungläubigem Staunen und hüpfte ungelenk durchs Zimmer. Jede der derben Krücken hatte oben ein Polster, das William unter den Armen hatte; seine Hände hielten zwei kleine Laschen, die ungefähr in der Mitte der Krücken angebracht waren.

»Ich habe dir doch gesagt, dass sie das getan hat, oder?« Robbie war noch ganz erhitzt von der vielen frischen Luft auf dem Marsch nach Scutari. »Mannomann, diese Schwester Alice kann vielleicht reden! Hat mir fast das Ohr abgeredet. Wusstest du, dass Schwester Alice und einige der anderen Krankenschwestern katholische Nonnen sind? Und mindestens eine gehört zu den Baptisten! Miss Nightingale hat darauf bestanden, dass jede Frau die Gott fürchtet und den Anforderungen genügt, als Krankenschwester in diesem Krieg akzeptiert wird, ganz egal welche Konfession sie hat.«

»Aber hast du nicht einmal erzählt, dass sie alle die gleichen hässlichen grauen Kleider tragen? Ich habe noch nie von ordentlichen Damen der Anglikanischen Kirche gehört, die mit katholischen Nonnen zusammenarbeiten – geschweige denn die gleiche Kleidung anziehen.«

»Genau das ist der Punkt, denke ich – das hilft ihnen zusammen zu arbeiten. Schwester Alice erzählte auch, dass Miss Nightingale sehr strenge Regeln hat. Wenn eine Schwester dabei erwischt wird, dass sie mit einem Soldaten flirtet oder Alkohol trinkt, dann wird sie sofort nach England zurückgeschickt, dritter Klasse!«

William lachte. »Junge, Junge. Man sollte sich wohl besser nicht mit Miss Nightingale anlegen!«

Robbie senkte seine Stimme und winkte William zu sich auf die Holzplattform. »Da wir gerade von Frauen sprechen«, flüsterte er halblaut. »Mir ist etwas merkwürdiges aufgefallen, als wir vom Markt zurückkamen. Eine Gruppe von Frauen und Kindern gingen eine schmale Treppe an der Seite des Krankenhauses hinunter und dann durch eine Seitentür hinein.«

»Frauen und Kinder?«, sagte William verblüfft. »Hinunter? Du meinst so wie unter das Krankenhaus?«

»Ja!« Robbies Augen funkelten. »Miss Nightingale bat mich, alles nach übersehenen Krankenhausvorräten abzusuchen. Weißt du, wir könnten zusammen im Keller nachsehen … ich meine, sobald du dich besser fühlst und mit deinen neuen Beinen gut zurecht kommst.«

***

Florence Nightingales Mund blieb offen stehen. Sie war einige Sekunden sprachlos.

Aber Mrs. Roberts konnte sprechen: »Soll das heißen, ihr Jungen habt gesehen, dass englische Frauen und Kinder unter diesem Krankenhaus wohnen?«

»Ja, genau«, beharrte Robbie eisern, während William voller Zustimmung wild nickte. »Auch französische und türkische Frauen. Ehefrauen von

Soldaten, die in der Nähe ihrer Ehemänner sein möchten.«

»Ehefrauen von Verwundeten?«, bohrte Mrs. Roberts weiter.

Robbie hob die Achseln. »Manche vielleicht, – nicht alle. Die Armee wusste nicht, wohin mit ihnen, also wurden sie im Krankenhauskeller untergebracht.«

»Da unten ist es ziemlich dunkel und feucht«, warf William ein. »Und dann haufenweise schreiende Kinder … rußende Küchenfeuer.«

»Das ist grauenvoll!«, rief Mrs. Roberts und rang die Hände. »Das kann doch in keinem Fall gesund sein und außerdem – was tun sie den ganzen Tag? Lass einen Haufen gelangweilter und griesgrämiger Leute zu lange zusammengepfercht und …«

Florence Nightingale unterbrach sie mit einem kurzen und amüsierten Auflachen. »Liebe Mrs. Roberts, natürlich ist es grauenvoll! Alles am Krieg ist grauenvoll. Und Sie haben vollkommen Recht bezüglich dieser gelangweilten Frauen. Zu Hause fand ich nichts schlimmer, als diese gelangweilten, reichen Frauen, wie ich selbst eine war, rund um die Uhr eifrig beschäftigt mit endlosen Festen, der neuesten Mode und Klatsch und Tratsch während der Stickarbeiten. Aber es war nichts weiter als Langeweile. Das hat mich fast wahnsinnig gemacht!«

Robbie starrte Miss Nightingale an. So hatte er sie noch nie erlebt. Sie war üblicherweise ein Vorbild an überlegter Ruhe, ihre Rede bestimmt aber immer höflich und respektvoll. Aber jetzt schossen ihre Augen Blitze und sie marschierte aufgeregt hin und her.

»Aber diese Frauen – weit weg von zu Hause, im fremden Land, keine Aufgabe, außer die Kinder zu hüten und zu warten. Das ist eine Katastrophe.« Sie hörte auf, herumzulaufen und ihr Gesicht leuchtete auf. »Diese Frauen brauchen eine sinnvolle Aufgabe – und ich weiß auch schon welche.«

»Welche denn?«, keuchte Mrs. Roberts verblüfft.

»Die Krankenhaus-Wäscherei!«, sagte Miss Nightingale triumphierend. »Mrs. Roberts, zählen Sie wie viele Bettlaken unsere Krankenschwestern schon zusammengenäht haben. William, suche bitte Major Sillery, den militärischen Kommandanten des Krankenhauses und sage ihm, dass ich ihn sprechen möchte. Und Robbie …« Ihre grauen Augen schauten geradewegs in seine braunen. »Könntest du diesen Brief hinunter zu den Docks bringen und ihn dem Kapitän des Schiffes geben, das als Erstes nach England ausläuft? Es ist sehr wichtig.«

Robbie schaute auf den Brief in seiner Hand. Er war adressiert an Sidney Herbert, Staatssekretär des Kriegsministeriums, Parlamentsgebäude, London.

***

»Miss Nightingale!«, donnerte eine empörte Männerstimme. »Was soll das alles bedeuten? Ich bin für drei Tage auf dringender Dienstreise und was finde ich, als ich zurückkomme? Ihre Krankenschwestern haben die Privatsphäre der Männer auf den Stationen verletzt und völlig unberechtigt kümmern sich irgendwelche Zivilisten um Militärwäsche! Vorräte wurden ohne mein Wissen in Auftrag gegeben! Das entspricht nicht im mindesten den Vor-

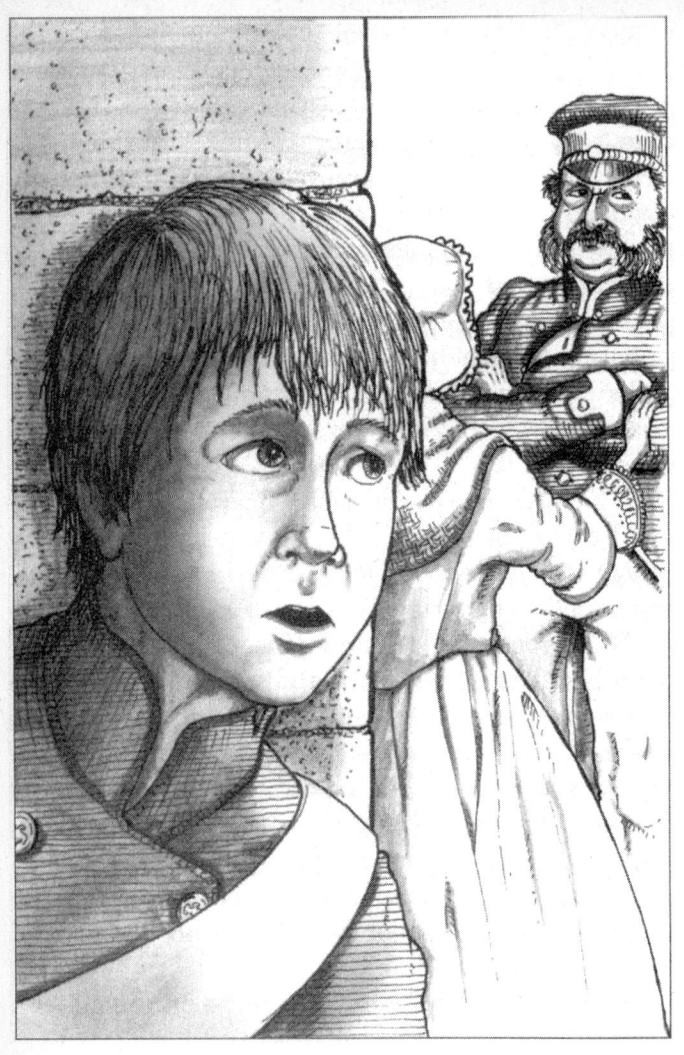

schriften! Was haben Sie dazu zu sagen, Miss Nightingale?«

Draußen vor der Tür blieb Robbie stocksteif stehen. Er war gekommen, um ihr mitzuteilen, dass vor dem Tor ein türkischer Karren stand, hoch beladen mit Bürsten, Toiletteneimern und Bettpfannen. Aber es war schon jemand bei ihr.

»Major Sillery«, sagte Miss Nightingale, mit ihrer ruhigen, festen Stimme. »Ich habe mein möglichstes versucht, um Sie zu erreichen. Denn ich wollte Ihre Erlaubnis einholen, um die Bettwäsche zu waschen. Aber, wie Sie gerade selbst sagten, waren Sie verreist und ich konnte niemanden finden, der in Ihrer Abwesenheit die Erlaubnis hatte, Sie zu vertreten. Also habe ich einfach Dr. Hall gefragt, ob es wohl hilfreich sein könnte, die Männer in saubere Betten mit sauberer Bettwäsche zu stecken und er sagte ja …«

»Das macht noch keinen Befehl aus!«, grollte Major Sillery.

Miss Nightingale blieb unbeeindruckt von der Unterbrechung und fuhr fort: »Die unberechtigt arbeitenden Zivilisten, von denen Sie sprachen sind zufällig die Ehefrauen der Soldaten, die auf Armeekosten hier in diesem Krankenhaus wohnen. Kurz gesagt, die Armee hat die Verantwortung für sie, denn sie kommt für den Unterhalt und die Unterbringung auf.«

»Nun … schließlich können wir sie nicht verhungern lassen«, grummelte der Kommandant.

»Selbstverständlich nicht«, stimmte sie zu. »Aber durch ihre Mithilfe bei der Bewältigung der Wäscheberge an schmutzigen Laken und Bettbezügen verdienen sie sich ihre Unterkunft und Verpflegung, oder nicht? Und was die Vorräte angeht, die ich bestellt habe ...«

»Genau!« Die Stimme des Majors schwoll wieder an. »Sechstausend Baumwollnachthemden?! Wir haben einen Offizier, der für den Nachschub in diesem Krankenhaus zuständig ist. Wie können Sie ihn einfach übergehen!«

»Ich habe mit dem zuständigen Offizier gesprochen«, berichtete Miss Nightingale ruhig, »aber er zuckte die Achseln und sagte, dass vom Pflegepersonal kein Bedarf angemeldet worden sei und deshalb gäbe es keine. Und da ich – wie Sie richtig bemerkten – keine Erlaubnis hatte, Armeevorräte zu bestellen, habe ich sie mit meinem eigenen Geld bezahlt und sie unseren tapferen, verwundeten Männern geschenkt.«

Keine Antwort war zu hören. Robbie schaute verstohlen um die Ecke des Türrahmens und konnte sehen, wie Major Sillery über seinem steifen Kragen rot anlief.

Florence Nightingale legte dem Major eine Hand auf den Arm. »Major Sillery, meine Krankenschwestern und ich sind nicht hier, um irgendwie Ihre Arbeit zu behindern, sondern um die Leiden unserer Soldaten lindern zu helfen, so gut wir können. Kommen Sie – ich möchte Ihnen etwas zeigen.«

Robbie duckte sich, als Miss Nightingale den Major den Flur hinunter zur ersten Station führte. Der Junge, der immer noch seine Botschaft zu überbringen hatte, folgte ihnen.

Einige von Miss Nightingales Krankenschwestern waren gerade damit beschäftigt, die schmutzigen Betttücher von den Betten zu nehmen und sie durch frische, von den Frauen genähte zu ersetzen. Die meisten Männer trugen nicht mehr ihre schmutzige Unterwäsche, sondern steckten nach einem Bad mit warmem Wasser und Seife in sauberen Nachthemden.

Einer der verwundeten Soldaten, der neben der Tür lag, erhaschte ihren Ärmel und sagte: »Gott segne Sie, Miss Nightingale. Diese lieben Damen haben uns einen wahren Segen erwiesen mit den sauberen Laken und Hemden. Ach, wissen Sie, ich dachte schon, ich müsste meinem Schöpfer in der dreckigen Unterwäsche entgegentreten! Gottes Segen, auch für Sie, Herr Major«, gluckste er und salutierte. »Beste Idee, die Sie je hatten, die Krankenschwestern in dieses scheußliche Krankenhaus zu holen. Ich hoffe, das bringt Ihnen eine Beförderung!«

Major Sillery nickte kurz, machte auf dem Absatz kehrt und ging steif aus dem Zimmer. Robbie musste zurückspringen, um nicht von dem schnaubenden Major über den Haufen gerannt zu werden.

Ringen mit der britischen Armee

Zum Thema Krankenhauswäsche wurde weder von Major Sillery noch von einem anderen Offizier je wieder ein Wort verloren. Sie schienen Miss Nightingales Stab an freiwilligen Soldatenfrauen einfach zu übersehen, aber wenigstens hinderte man sie nicht mehr daran, ihre Arbeit zu tun.

»Macht Ihnen das gar nichts aus, Miss Nightingale?«, fragte Robbie erstaunt. Er begleitete sie auf ihrer nächtliche Runde und leuchtete mit der türkischen Lampe, während sie still alle Stationen noch einmal aufsuchte. »Britische Offiziere mögen es nicht, wenn Frauen etwas besser können als sie selbst.« Er lachte sie an. »Aber die Männer auf den Stationen, die sind froh über das, was Sie tun.«

Florence Nightingale seufzte kurz. »Weißt du, Robbie, ich bin nicht darauf aus, die britische Armee schlecht aussehen zu lassen. Ich möchte, dass sie gut dasteht. Aber kümmere dich nicht darum. Die Kranken und Verwundeten sind das Wichtigste. Solange wir etwas für sie tun können …« Sie verstummte.

Jetzt war Anfang Dezember und die Luft in den Räumen war kalt und feucht. »Eine Decke, Miss«, bat ein schwache Stimme, hinter dem Schein der Lampe. »Mir ist so kalt.«

»Wir haben keine Decken mehr, Soldat«, bemerkte Florence Nightingale bedauernd. »Aber hier …« Sie nahm ihren gestrickten Schal von den Schultern. »Nehmen Sie solange meinen Schal, bis wir etwas anderes für Sie finden.«

Robbie wartete bis sie wieder draußen auf dem Gang standen, dann sprudelte er los: »Sie können doch nicht Ihren Schal weggeben, Miss Nightingale! Wie wollen Sie sich denn warm halten? Was sollen die Männer tun, wenn Sie krank werden?«

»Wenn mir kalt ist, dann wird mich das daran erinnern, mehr Decken zu besorgen oder nicht?«, entgegnete sie knapp. Als sie die Tür zur nächsten Station erreichten, drehte sie sich abrupt zu Robbie um: »Hast du den Mund von diesem Mann gesehen?«

Robbie runzelte die Stirn. Er versuchte sich zu erinnern. Er hatte nicht so genau hingesehen. »Nun … sein Zahnfleisch sah irgendwie roh und blutig aus.«

»Ganz genau! Das ist Skorbut. Wenn wir diesen Männern nicht mehr Obst und Gemüse geben, werden wir noch mehr Tote haben – Tote die wir hätten retten können!«

Gegen Mitternacht hatten sie ihre Runde beendet. »Findest du ohne Lampe zu deinem Zimmer zurück?«, fragte Miss Nightingale. Ihr Lächeln war müde. »Du bist immer noch nicht ganz wieder hergestellt und solltest im Bett sein.«

»Machen Sie sich um mich keine Sorgen«, sagte er barsch und versuchte sich nicht anmerken zu lassen, wie erschöpft er sich fühlte. »Aber – was wollen Sie denn noch tun?«, fragte er neugierig.

»Briefe«, antwortete sie und hob das Kinn. »Der Heiland hat uns ermutigt ›ohne Unterlass zu beten‹ und ich denke, dass es nicht schadet, die maßgeblichen Stellen in England ebenso ohne Unterlass um das zu bitten, was wir benötigen!«

***

Eine von Robbies Hauptaufgaben war die Beförderung von Miss Nightingales Briefen zu dem Kapitän oder Ersten Offizier des Schiffes, das zuerst Kurs auf England nehmen würde. Die meisten der Briefe waren an Sidney Herbert vom Kriegsministerium gerichtet, aber jede Woche war auch ein Brief an ihre Eltern und ihre ältere Schwester Parthenope dabei.

Robbie ging gerne nach draußen, auch wenn der Winter in Scutari grau, nass und unerfreulich war. Er hielt stets die Augen auf nach Vorräten, die entladen wurden und die Miss Nightingale weiterhelfen konnten.

Ihm war aufgefallen, dass Major Sillery jede Bitte um eine Bestellung mit den Worten abschmetterte: »Fragen Sie den Versorgungsoffizier.« Aber wenn sie mit dem Versorgungsoffizier sprach, erwiderte er nur dumpf, dass diese Dinge eben ihre Zeit bräuchten. Robbie wusste, dass Miss Nightingale sehr unter diesem Mangel an Verständigung litt. Er vermutete, dass sie bewusst im Unklaren gehalten wurde.

Was Miss Nightingale brauchte, war eine eigene unabhängige Informationsquelle.

Er stemmte sich gegen die steife Brise, die von der See her wehte und beobachtete eine Gruppe von Soldaten die Fass um Fass von einem Lastschiff rollten.

»Was sollen wir mit diesem Kram anstellen?«, schrie einer der bärtigen Seeleute dem Offizier an Deck zu.

»Keine Ahnung!«, schrie der Offizier zurück. »Unser Befehl lautete, die Ladung in Scutari an Land zu bringen. Lasst es einfach auf den Docks stehen, bis diese Bulldogge von Versorgungsoffizier …« Der Mann brach ab, als er den eben genannten über das nasse, schlüpfrige Dock kommen sah. Der Versorgungsoffizier von Scutari war ein kleiner, drahtiger Mann, mit dunklen Stoppeln im Gesicht, die nie zu einem Bart auswuchsen und auch nie rasiert aussahen. Die schlabberigen Wangen gaben ihm tatsächlich das Aussehen einer Bulldogge.

»Was machen Sie da?«, schrie der Versorgungsoffizier. »Was für ein Zeug ist das überhaupt?«

»Limonensaft!«, brüllte der Offizier vom Deck des Schiffes zurück. »Gehört alles Ihnen!«

»Limonensaft?« Finster durchkämmte der dicke Offizier den Stapel Papiere, den er mitgebracht hatte. »Was ist das denn für ein hirnverbrannter Blödsinn? Es steht kein Limonensaft auf dem Speiseplan des Krankenhauses. Nehmen Sie es wieder mit. Wir können das Zeug nicht gebrauchen. Da muss ein Fehler vorliegen.«

»Ha, ha!«, lachte der Offizier und beugte sich über die Reling. »Dann ist das jetzt Ihr Problem – die ganzen einhundertachtzig Zentner!«

Die Bulldoggenwangen wabbelten und die Kinnlade des Versorgungsoffiziers klappte herunter. »Hundertacht …!« Er sah aus, als würde er ersticken. »Nein, nein nehmen Sie es weg.«

Robbie sah dem Streit zwischen den beiden Offizieren mit einigem Interesse zu. Vielleicht sollte er Miss

Nightingale davon berichten. Aber am Ende war es wirklich nur ein neuer Fall von militärischem Durcheinander. Würde es der Armeeführung nicht wirklich ähnlich sehen, wenn sie einhundertachtzig Zentner Limonensaft schickten, statt der dringend benötigten Decken oder Desinfektionsmittel – oder vielleicht Obst und Gemüse, wie Miss Nightingale gesagt hatte, um diesen Skorbut zu bekämpfen. Aber das war ein Problem. Wo sollte die Armee mitten im Winter Obst und Gemüse herbekommen?

Einige Boote von einem anderen Schiff, das im Hafen vor Anker lag, kamen auf die Küste zugefahren. Die Ruderriemen hoben und senkten sich im grauen Hafenwasser und Robbie sah jetzt, dass auf den Booten viele verwundete und kranke Soldaten waren.

So viele mehr! dachte er. Wo sollten sie alle untergebracht werden? Das Barracks-Krankenhaus war jetzt schon hoffnungslos überfüllt. Robbie merkte, dass Übelkeit in ihm aufstieg, aber trotzdem trat er näher, als die Boote auf das schlammige Ufer gezogen und die seufzenden und stöhnenden Männer herausgehoben wurden. Sie wurden in türkische Arabas geladen. Einer der zweirädrigen Karren blieb im Schlamm stecken, als der Fahrer mit seiner Peitsche knallte. Robbie trat vor und half, mit der Schulter gegen die rohen Bretter gestemmt, beim Anschieben.

Schließlich schlingerten die Räder mit einem schmatzenden Geräusch aus dem Matsch. Robbie sah überrascht, dass die Araba nicht den Berg hinauf zum Barracks-Krankenhaus, sondern auf die Stadt zu fuhr.

»Wo fahren Sie hin?«, schrie er in Englisch, und rannte neben dem Karren her. »Das Krankenhaus ist da oben!« Er deutete mit dem Finger auf das hässliche Gebäude oben auf dem Berg.

Der Fahrer schüttelte den Kopf, nuschelte eine Antwort auf Türkisch und fuhr weiter. Robbie rannte zurück zu einem weiteren Karren, winkte wild und zeigte auf das Krankenhaus auf dem Berg, aber alle Fahrer blieben auf der Straße, die in die Stadt führte.

»Das ist in Ordnung so, Junge!«, brüllte einer der Matrosen. »Barracks-Krankenhaus ist überfüllt. Diese hier werden ins Städtische Krankenhaus von Scutari gebracht.«

Diese Nachricht beunruhigte Robbie. Er konnte sich die Zustände im Städtischen Krankenhaus nur vorstellen. Wahrscheinlich gab es dort überhaupt keine Krankenschwestern, die sich um die Patienten kümmerten und jetzt wurden sie überflutet mit unerwarteten militärischen Notfällen. Das musste er sofort Miss Nightingale berichten!

Er kam völlig atemlos vom Kampf mit dem steilen, lehmigen Berg in Miss Nightingales Büro an. Keuchend erzählte er die alarmierenden Neuigkeiten, worauf sie sich sofort aufmachte, herauszufinden, was mit den vielen neuen Patienten geschah.

Nachdem er zur Ruhe gekommen war, merkte Robbie, dass sein linker Arm stark schmerzte. Der eisige Winterwind und die Nässe im Hafen hatten die zarte neue Haut angegriffen, die sich an dem Stumpf bildete, der einmal seine Hand gewesen war. Jetzt hatte er das Gefühl, tausend Nadeln würden ihn attackieren. Aber nach und nach ebbte der Schmerz ab, und Robbie schlief erschöpft ein.

»Robbie.« Jemand schüttelte ihn an der Schulter. »Wach auf. Ich möchte, dass du mit mir kommst.«

Robbie schüttelte den Kopf und schaute in Miss Nightingales Gesicht. Sie trug einen Umhang mit Kapuze und hielt eine Laterne in der Hand.

Ohne Fragen schwang er die Beine vom Sofa, zog sich den Schal und die Mütze an, die sie ihm reichte und folgte ihr durch die langen Flure. Sie stießen die schwere Eingangstür des Krankenhauses auf, und ein eisiger Wind pfiff ihnen vom Hafen her entgegen. Robbie trug die Lampe, damit Miss Nightingale ihren Rock schürzen konnte, um ihn nicht durch die Schlammpfützen schleifen zu lassen. Er brauchte nicht zu fragen, wohin sie gingen; er wusste es.

Miss Nightingale war auf dem Weg zu ihrer Runde in der Nacht – einer Zeit, in der man üblicherweise keinen mürrischen, ablehnenden Ärzten begegnete – auch im Krankenhaus von Scutari.

Der ungefähr anderthalb Kilometer lange Weg zum Städtischen Krankenhaus wurde für Robbie und Miss Nightingale zu einem abendlichen Brauch. Danach kamen die Runden im Barracks-Krankenhaus an die Reihe. Für Florence Nightingale erstreckte sich ihre Zuständigkeit auf alle Soldaten der Alliierten, egal ob Engländer, Franzose oder Türke, egal ob in der Städtischen Klinik oder hier im Krankenhaus untergebracht. Sie notierte unverzüglich, was im Krankenhaus in Scutari alles noch benötigt wurde: mehr Spuck- und Toiletteneimer, Bettpfannen, sauberes Bettzeug, saubere Nachthemden, Desinfektionsmittel, mehr Verbandsmaterial, warme Decken – die Liste schien kein Ende zu nehmen.

Eines Abends gingen sie mit geduckten Köpfen im Schneegestöber durch die schmalen Straßen von Scutari. Am Krankenhaus angekommen zog Robbie an der Tür – nichts rührte sich. Verwundert zog Miss Nightingale am Türgriff. Die Tür ging immer noch nicht auf. Ihre Lippen pressten sich zu einem dünnen Strich aufeinander.

»Es scheint, dass wir auch hier Feinde haben, Robbie mein Junge«, sagte sie schließlich. »Aber wenn sie denken, dass sie Florence Nightingale ausgesperrt haben, dann haben sie sich getäuscht.« Sie sah sich nach einer Sitzgelegenheit um und entdeckte eine Bank zwischen zwei abgestorben wirkenden Büschen. »Du musst noch einmal zum Barracks-Krankenhaus zurücklaufen und den Schlüssel für mich holen, Robbie. Andernfalls werde ich hier draußen sitzen bleiben, mir vermutlich eine Lungenentzündung holen, und dann müsste Major Sillery dem Ehrenwerten Sidney Herbert vom Kriegsministerium eine Erklärung geben, für mein frühzeitiges Ableben.« Ein kleines Lächeln stahl sich um ihre Mundwinkel, doch bei all dem war sie eisern entschlossen.

Robbie lief kopfschüttelnd zurück zum Barracks-Krankenhaus. Er wusste, dass Florence Nightingale eine störrische Frau war, aber konnte sie nicht in einer Nacht wie dieser aufgeben?

Als Robbie mit dem Schlüssel für die Eingangstür endlich zum Städtischen Krankenhaus zurückkam, war es fast Mitternacht. Major Sillery hatte sich überhaupt nicht um sein Anliegen gekümmert – bis er den Major darüber informierte, dass Miss Nightingale vor dem Krankenhaus sitzen bleiben wollte, bis sie dort hinein konnte. Jetzt lachte sie ihm entgegen im flackernden Schein ihrer türkischen Papierlampe. Ihre Nase war rot, aber ihre Augen blitzten, als sie die Tür aufschloss.

»Sind Sie nicht wütend, Miss Nightingale?«, fragte Robbie. Er war bis auf die Knochen durchgefroren und seine Füße schmerzten. »Ich bin jedenfalls wütend. Wütend wie eine Katze, die ihren Schwanz in einer Falle hat.«

»Naa, Robbie«, antwortete sie, schälte sich aus ihrem Umhang und schüttelte den Schnee ab. »Was würde es nützen, wenn ich wütend wäre? Außerdem, wenn Menschen beleidigend sind, dann beleidigen sie zuerst Gott, unseren Schöpfer, ehe sie mich treffen.«

Mutter Dampframme

Feuchtigkeit und Kälte des eisigen Dezembers schienen durch die Steinwände ins Barracks-Krankenhaus einzusickern. Robbie und William bekamen beide Grippe und mit ihnen viele der Soldaten, die von ihren Wunden genesen sollten. Durchfallerkrankungen, Skorbut und Unterernährung sorgten immer noch für große Probleme bei der Genesung. Florence Nightingale und ihre Krankenschwestern trieben so viele Kohlenfeuerbecken auf, wie sie nur konnten. Das sind kleine flache Schüsseln auf kurzen Beinen, in denen glühende Kohlen gelegt werden. »Aber nur solange, bis wir vernünftige Öfen mit ordentlichen Ofenrohren für jede Station haben«, verkündete sie entschlossen. Und Robbie wusste, dass wieder ein Brief an Sidney Herbert nach England abgehen würde.

Auf Florences Drängen hin, hatte Major Sillery endlich mehr Decken bestellt, aber sie hatte kein großes Vertrauen, dass die Lieferung so schnell wie nötig erfolgen würde. Also ging sie in die Stadt und kaufte von ihrem eigenen Geld zweihundert Decken, um den Bedarf zu decken, bis die Armeebestellung eintraf.

»Ich möchte, dass du jeden Tag über die Docks gehst, Robbie Robinson«, sagte Miss Nightingale, »und mir sofort berichtest, wenn diese Armeedecken entladen werden.«

Und so war Robbie an dem Tag, als die Damen anka-
men, unten im Hafen.

Er war es gewohnt, im Hafen von Scutari alle möglichen Leute zu sehen: britische Matrosen und Soldaten, türkische Dockarbeiter und Händler, Armee-
pferde und Maultiere. Aber der Anblick von nicht einer oder zwei, sondern Dutzenden von britischen Ladies, alle erstklassig gekleidet, die von einem
britischen Segelboot aus ans Ufer gerudert wurden,
ließ ihn wie angewurzelt stehen bleiben.

Eine Bootsladung von Damen mit Spitzenschirmen,
die lachend auf alle möglichen Sehenswürdigkeiten
zeigten. In einer größeren Gruppe auf einem anderen
Boot waren alle in lange schwarze Gewänder gehüllt
und ihre Köpfe waren mit langen schwarzen Schlei-
ern bedeckt – katholische Nonnen, vermutete Robbie. Dann landeten noch zwei Boote mit Frauen in
ganz normalen Kleidern, die auch alle schon ganz
aufgeregt waren, als die Seeleute ihnen von Bord
halfen.

Robbie starrte gebannt, als der Schwarm von »Kana-
rienvögeln«, »Raben« und »Spatzen« (wie sie ihm
plötzlich vorkamen) sich am Ufer sammelte. Dann
trat eine der Nonnen, eine große ungezwungen wir-
kende Frau in mittlerem Alter nach vorn und fragte,
ohne jemanden direkt anzusprechen: »Wo ist das
Barracks-Krankenhaus, bitteschön?«

Robbie blinzelte. Barracks-Krankenhaus? Diese Frau-
en wollten zum Barracks-Krankenhaus? Warum?
Wurden sie dort erwartet? Was würden sie denn
tun? Er stand wie angenagelt auf seinem Platz vor
lauter Verblüffung, bis er plötzlich merkte, dass ein

halbes Dutzend hilfreicher Seeleute nach oben auf den Hügel zeigte.

Mit einer Geschwindigkeit, die er sich selbst kaum zugetraut hätte, raste Robbie den Berg hinauf und platzte in Miss Nightingales Büro. »Sie kommen!«, japste er. »Nonnen und Ladies … wie ein großer Schwarm Vögel … hierher.«

Das Zimmer war bereits voll mit Miss Nightingales Krankenschwestern, alle in ihren einfachen, grauen Kleidern, weißen Hauben und Schürzen. Sie warteten auf die Einteilung für den Nachmittagsdienst. Einige jüngere Schwestern kicherten.

»Wovon redest du überhaupt, Robbie?«, wollte Miss Nightingale wissen und runzelte leicht die Stirn. »Wir arbeiten hier und haben keine Zeit für Spiele.« Sie wandte sich wieder der Liste zu, die sie in der Hand hielt.

»Nein, Augenblick! Sie müssen schnell mitkommen«, rief er mit weit aufgerissenen Augen. »Sie werden jeden Moment hier sein!« Er vergaß seine guten Manieren, nahm Miss Nightingale an der Hand und zerrte sie auf den Flur.

Als sie um die Ecke zur Eingangshalle bogen, stand dort die große Nonne, umgeben von vielen anderen Frauen. Robbie hörte wie Miss Nightingale tief Luft holte. Dann fragte sie kühl und geschäftsmäßig: »Kann ich Ihnen behilflich sein?«

Die Nonne musterte sie von oben bis unten. »Möglicherweise. Ich bin Mutter Bridgeman. Und die anderen hier« – sie deutete mit der Hand nach links und nach rechts – »sind Schwestern aus einem Konvent in Irland, alle bestens ausgebildete Krankenschwestern,

und einige englische Damen, die freiwillig bereit sind, unseren armen, kranken, kämpfenden Männern zu helfen.« Mutter Brigdeman schaute Florence Nightingale über die Schulter, als ob sie auf jemanden warten würde. »Wir würden gern den Verantwortlichen sprechen.« Die Worte in irischem Akzent rollten schwer von ihrer Zunge.

Robbie, der beim Anblick all der merkwürdigen Frauen noch einmal ins Staunen geriet, merkte wie Miss Nightingale neben ihm Haltung annahm.

»Mein Name ist Florence Nightingale. Ich bin die Verantwortliche für den Einsatz von Krankenschwestern und Freiwilligen im Barracks-Krankenhaus«, sagte sie kühl. »Und ich habe nicht um Ihr Kommen gebeten. Ich war nicht informiert darüber, dass Sie kommen würden. Und wir haben im Augenblick keine Verwendung für Sie. Haben Sie vielen Dank für Ihre Mühe – aber es tut mir leid. Ich bin sicher, das nächste Schiff, das nach England fährt, wird sie gern an Bord nehmen.« Sie machte auf dem Absatz kehrt und wandte sich zum Gehen.

Von den Frauen, die sich wie neugierige Schulmädchen hinter Mutter Bridgeman versammelt hatten, schnappten einige empört nach Luft.

»Ich versichere Ihnen, Miss Nightingale«, erwiderte die Nonne scharf, »wir werden nicht abreisen. Wir sind gekommen, um unsere Pflicht zu tun, und wir werden erst abreisen, wenn wir unsere Pflicht Gott und dem Britischen Empire gegenüber erfüllt haben und nicht vorher. Nun, kann ich jetzt wirklich den Verantwortlichen sprechen?«

Florence Nightingale drehte sich langsam um, und sah in die kampfeslustigen Augen von Mutter Bridgeman. »Robbie«, sagte sie ruhig und hob das Kinn, »würdest du bitte Major Sillery informieren, dass Mutter Brigdeman und ihre Freiwilligen hier sind?«

Robbie machte sich widerwillig auf den Weg. Wurden doch jetzt die Dinge hier in der Eingangshalle erst richtig interessant.

Als er mit einem unwilligen und verärgerten Major Sillery zurück kam, standen die irische Nonne und

Florence Nightingale immer noch am selben Platz und schätzten sich gegenseitig ab. Florence wandte sich zum Major und sagte mit plötzlichem Lächeln: »Major Sillery, das ist Mutter Bridgeman. Sie und ihre … äh … Freiwilligen … möchten sie emsig bei ihrer Arbeit hier unterstützen.« Wieder wandte sie sich zum Gehen.

»Äh, warten Sie bitte, Miss Nightingale«, rief Major Sillery hastig. Sein Gesicht war plötzlich schweißüberströmt. »Sie haben die größere Erfahrung mit diesem … äh … Pflegepersonal. Bitte fahren Sie fort.«

Robbies Augen wurden kugelrund. So nah war Major Sillery noch nie an eine Anerkennung von Miss Nightingales offizieller Rolle in diesem Krankenhaus herangekommen. Der Junge musste sehr kämpfen, um sich das Lachen zu verbeißen und ein unbeteiligtes Gesicht zu bewahren.

»Aber Major Sillery«, fuhr Florence ruhig fort. »Sie wissen doch, dass wir absolut keinen Platz in diesem Krankenhaus haben, um zusätzliches Pflegepersonal zu beherbergen. Meine eigenen achtunddreißig Krankenschwestern hausen sehr beengt in drei kleinen Zimmern. Es ist augenfällig, dass wir keinen Platz haben für – wie viele sagten Sie, sind Sie insgesamt Mutter Bridgeman?«

Mutter Bridgeman fixierte nun den Major. »Fünfundvierzig. Vierzehn irische Nonnen wie ich, zweiundzwanzig Krankenschwestern und neun Damen. Sie sehen also, wir sind in der Lage jede Art von geistlicher oder körperlicher Hilfe zu spenden.«

Major Sillery räusperte sich, schien aber unfähig einen Ton herauszubekommen. Also nahm Florence

Nightingale den Faden wieder auf: »Nun, das müssen wir erst noch sehen. Das Erste, was ansteht ist, eine Unterkunft in Scutari für Sie zu suchen. Sie werden wissen, dass dieses Krankenhaus schon mit Verwundeten und Kranken überfüllt ist. Hier gibt es nicht einmal eine Kammer in der Sie nächtigen könnten. Sie müssen leider Ihr eigenes Geld gebrauchen – ich hoffe, dass Sie alle eigenes Geld haben, um die Unterkunft in der Stadt zu bezahlen.«

Wieder wurde Empörung laut. »Aber Miss«, rief eine der Freiwilligen, »man hat uns gesagt, die britische Armee würde für unsere Unterkunft bezahlen, im Gegenzug für unsere wie Sie wissen freiwillige Arbeit.«

Robbie glaubte, von Major Sillery ein Grunzen zu hören.

»Da wurden Sie falsch informiert«, entgegnete Florence. Sie wendete sich an die Damen in ihren Seidenkleidern und feinen Wollumhängen: »Wie ist es mit Ihnen, meine Damen?«, erkundigte sie sich. »Sie haben ganz offensichtlich Geld. Sie müssten doch in der Lage sein, Ihren weniger begüterten Schwestern unter die Arme zu greifen, jetzt in dieser Notlage.«

Die Damen sahen ziemlich betreten aus. »Aber Miss Nightingale, wir … das heißt … nun, das alles kommt eher unerwartet. Wir sind alle selbst ziemlich bankrott.«

Florence Nightingale sah sie scharf an: »Was soll das heißen, bankrott? Ihre Familien haben Sie doch sicher nicht ohne Geld auf die Reise in ein fremdes Land gehen lassen! Und an Bord eines Schiffe gibt es keine Gelegenheit, Geld auszugeben.«

Wieder wurden die Damen nervös. »Nun, wissen Sie …«

»Das ist alles so neu und aufregend und …«

»Es war so eine herrliche Gelegenheit, eine Reise durchs Mittelmeer …«

»Oh! Es war so aufregend Madrid zu sehen und Paris …«

»Und die Hotels waren so wunderbar und …«

»Einkaufen. Das Einkaufen war ganz groß, was Mädchen?«

Es folgte ein Chor von nervösem Gekicher.

Florence Nightingale stemmte die Hände in die Hüften und sah die Gruppe aufgeregter Ladies scharf an: »Soll das heißen, dass Sie allen Ernstes jeden Penny Ihres Geldes auf der Reise hierher für irgendwelchen Luxus ausgegeben haben? Von allen selbstsüchtigen …« Wutschnaubend brach sie ab.

Als sie sich wieder in der Gewalt hatte, wandte sie sich an den Krankenhaus-Kommandanten: »Major Sillery, wie heißt der britische Botschafter in Konstantinopel?«

»Sie meinen Lord Stratford«, antwortete der Major, der immer noch aussah, als wünsche er sich meilenweit weg.

»Genau«, fuhr Florence fort. »Wären Sie bitte so freundlich, ihm eine Nachricht zu schicken, dass wir im Falle der Unterbringung dieser … Damen seine Hilfe benötigen. Bis dahin, können sie es sich gerne hier im Eingangsbereich bequem machen.«

Damit verschwand Florence Nightingale im Flur und überließ Mutter Bridgeman und ihre fünfundvierzig

Freiwilligen sich selbst. Die sahen sich in der kahlen Halle nach einer Sitzgelegenheit um.

***

William ging es nicht gut. Sein Beinstumpf hatte sich entzündet, er hatte ununterbrochen Grippe und sah blass und fiebrig aus. Trotzdem hielt er sich vor Lachen den Bauch, als Robbie ihm von der Ankunft der Neuzugänge aus England und Irland berichtete. »Das muss ich sehen«, kicherte er, griff nach seinen Krücken und zog sich hoch. »Glaubst du, dass sie heute wiederkommen?«

Robbie lachte. »Ohne Frage. Ich glaube nicht, dass Mutter Bridgeman sich so leicht ausbooten lässt.«

Die Jungen gingen langsam zu den Schwesternzimmern am anderen Ende des Krankenhauses und lugten ins Büro. Wie erwartet saß Mutter Bridgeman dort vor Miss Nightingale.

»Wo liegen die katholischen Soldaten?«, wollte die Nonne wissen. »Ich möchten ihnen etwas geistlichen Trost spenden.«

»Mutter Bridgeman«, entgegnete Florence Nightingale geduldig. »Dies hier ist eine überkonfessionelle Klinik. Die Kranken und Verwundeten werden nicht nach ihrer Religion oder ihrem Bekenntnis unterteilt. In den meisten Fällen wissen wir nicht einmal, woran sie glauben.

»Sie wissen es nicht?« Mutter Bridgeman war schockiert. »Aber – wie kann man dann überhaupt auf die jeweiligen seelischen Nöte eingehen?«

Florence Nightingale sah sie ruhig an: »Ich bete für sie alle.«

Robbie dachte an all die geflüsterten Gebete und Segenswünsche, die Florence Nightingale den Männern in zwei Krankenhäusern auf ihren nächtlichen Runden schenkte.

Tiefste Missbilligung stand Mutter Bridgeman ins Gesicht geschrieben: »Nun! Das ist ziemlich unangemessen. Ich sehe, hier muss alles mögliche geändert werden.«

»Wow!«, zischte William in Robbies Ohr. »Die Dampframme zeigt die Zähne.«

Robbie prustete. Dampframme! Das passte wirklich. Aber er versuchte, nicht zu lachen. Er wollte hören, was Florence Nightingale dazu sagte.

»Mutter Bridgeman«, begann sie ernst, »wir haben zwei bestens ausgebildete Pfarrer hier – einen Militärgeistlichen und einen Zivilpfarrer. Jede Form religiöser Tätigkeit, muss mit ihnen abgestimmt werden. Was die Frauen angeht, die außerdem noch mit ihnen zusammen gekommen sind, so gilt Folgendes: Ich bin hier verantwortlich für das Pflegepersonal. Die Krankenschwestern sind hier, um den Ärzten bei der Arbeit zu helfen und den Patienten Pflege und Beistand zu geben. Wir müssen auch noch überlegen, wo wir sie einsetzen könnten – und ob wir sie überhaupt einsetzen können. Aber wie auch immer, alle Krankenschwestern sind mir verantwortlich und müssen meinen Regeln folgen.«

»Unmöglich!«, schnaubte Mutter Bridgeman. »Meine Nonnen sind nur mir gegenüber verantwortlich.«

Florence Nightingale seufzte. »Dann werde ich Ihnen meine Anweisungen mitteilen und Sie reichen sie weiter an die Schwestern, die Ihnen unterstehen. Aber wir müssen alle zusammen arbeiten – genau wie die katholischen Schwestern, die Baptisten und die anglikanischen Krankenschwestern es unter meiner Führung schon tun. Aus diesem Grund tragen wir alle die gleiche Uniform.«

»Niemals!«, protestierte Mutter Bridgeman.

Miss Nightingale bemerkte auf einmal Robbies Augen, die um die Ecke lugten. Mit leisem Lächeln ging sie schnell zur Tür und machte sie vor der Nase der Jungen zu.

»Mannomann!«, sagte William. »Miss Nightingale hat alle Hände voll zu tun, mit der Dampframme da drin.«

Robbie kicherte und bald lachten beide, bis ihnen der Bauch schmerzte.

»Lass mich dir eines sagen«, sagte Robbie schließlich und wischte sich die Nase mit dem Jackenärmel ab, »wenn Miss Nightingale zu einer religiösen Sekte gehört, dann ist es die Sekte des Barmherzigen Samariters!«

Ein totes Pferd trinken

Mutter Bridgeman ging mit den übrigen Nonnen, Krankenschwestern und adeligen »Freiwilligen« weg – aber nicht weit weg. Obwohl Florence Nightingale angeboten hatte, einige von den katholischen Schwestern aus ihrem Stab nach England zurückzuschicken, damit einige der irischen Nonnen im Krankenhaus arbeiten könnten, wollte Mutter Bridgeman nichts davon hören. »Meine Nonnen bleiben alle zusammen und ich bleibe bei ihnen!«, verkündete sie entschlossen.

Nach einigen Wochen voller Streit, schickte der Botschafter Lord Stratford einige der Frauen nach Hause und schlug vor, Mutter Bridgeman und die übrigen Freiwilligen nach Balaklava zu schicken, damit sie im Feldlazarett helfen konnten, das näher an der Front lag.

Florence Nightingale war nicht vollkommen glücklich mit dieser Entscheidung. »Wenn erfolgreiche Krankenpflege in unseren Militärkrankenhäusern in Zukunft selbstverständlich sein soll, dann brauchen wir gut ausgebildetes Pflegepersonal und eine gute Organisation – nicht bloß ein paar Gruppen von Freiwilligen, die alle verschieden arbeiten.«

Lord Stratford konnte ihren Standpunkt gut nachvollziehen, versicherte ihr aber, dass der gefundene Kompromiss im Augenblick die beste Lösung darstellte.

Das neue Jahr 1855 war gerade ein paar Wochen alt und zusammen mit Lord

Stratford, Major Sillery und Florence Nightingale stand Robbie an den Docks und sah zu, wie die langen Boote die Frauen hinüber zu dem Armeeschiff brachten, das im Hafen vor Anker lag. Sie wurden von Soldaten begleitet, die nach ihrer Genesung wieder an die Front geschickt wurden.

Viele der Soldaten hatten Florence Nightingale Worte des Dankes zugeflüstert, bevor sie in die Boote stiegen. Sie winkten, während die Ruderriemen gegen die Flutwellen ankämpften, die sie zum Schlachtfeld zurückbrachten.

»Ich bin gespannt, ob wir sie wiedersehen werden«, sagte sie.

»Puh, Junge, ich hoffe nicht!«, platzte Robbie heraus ohne nachzudenken. »Ich bin froh, dass wir die alte Mutter Dampframme los sind!«

Dann merkte er plötzlich, dass drei Augenpaare ihn entsetzt anstarrten. Er spürte den festen Griff von Florence Nightingale an seinem Ellenbogen, die ihn zielstrebig durch die Docks, hinauf zum Krankenhaus dirigierte.

»Ich hatte von den Soldaten gesprochen, du Dummerjahn!«, sagte sie ernst. Dann wurde ihre Stimme weniger förmlich.

»Wie hast du sie noch mal genannt? Mutter Dampframme?«

Robbie nickte. Er hätte sich am liebsten die Zunge abgebissen. Aber dann sah er von der Seite zu Miss Nightingale. Sie biss sich auf die Unterlippe und ihre Schultern bebten von lautlosem Lachen.

***

Robbie sorgte sich um William. Inzwischen war Februar und obwohl es schon drei Monate her war, dass William sein Bein verloren hatte, schien er ständig krank zu sein. Sogar Robbie hatte hin und wieder Durchfall.

»Ich weiß, Robbie«, seufzte Florence Nightingale, wenn er davon erzählte. »William ist nicht der Einzige. Obwohl wir die Betten und die Bettwäsche immer sauber halten und versuchen die Männer richtig zu pflegen, steigt doch die Sterberate hier im Krankenhaus immer weiter an. Wenn sie nicht an Ruhr, Typhus oder Cholera sterben, dann wird der Skorbut sie umbringen.«

»Haben Sie dieses widerliche Zeug einmal gekostet, das der Krankenhauskoch den Patienten serviert?«, fragte Mrs. Roberts, die gerade ins Zimmer rauschte. Sie hielt mit ihrer Meinung nicht hinter dem Berg. Robbie zog ein angeekeltes Gesicht. Ihm wurde schon schlecht beim bloßen Gedanken an die brackige Flüssigkeit, »Suppe« genannt, die an fünf von sieben Tagen serviert wurde.

»Immer wieder habe ich um nahrhafteres Essen für die Männer gebeten«, sagte Miss Nightingale mehr zu sich selbst, als zu Robbie oder Mrs. Roberts. »Wenn wir schon kein frisches Gemüse und Obst bekommen können, wäre jede Art Zitrusfrucht eine Hilfe – sogar Zitronensaft oder Limonensaft.«

Robbie erstarrte. »Sagten Sie – Limonensaft?«

Er schluckte. »A-aber Miss Nightingale, da liegen einhundertachtzig Zentner Limonensaft in einem Schuppen bei den Docks! Schon seit Dezember!«

***

Robbie konnte kaum Schritt halten, als Florence Nightingale den Lehmweg zum Hafen von Scutari hinuntereilte. Ihre Kapuze und der Umhang flatterten im Wind. Er fühlte sich ganz furchtbar. Das alles war seine Schuld. Er hatte die ganze Zeit von dem Limonensaft gewusst, aber er hatte nicht geahnt, dass das wichtig sein könnte. Die Lieferung war am selben Tag gekommen, als die verwundeten Soldaten ins Städtische Krankenhaus nach Scutari gebracht worden waren. Er hatte die Fässer mit Limonensaft damals völlig vergessen.

Die Frau im schwarzen Umhang marschierte an den Docks vorbei direkt ins Büro des Versorgungsoffiziers. Der Mann saß hinter seinem Schreibtisch und hatte die Stiefel auf die Tischplatte gelegt. Er fiel fast vom Stuhl beim Versuch, in Anwesenheit der Dame aufzustehen.

»Wo ist der Limonensaft? Ich möchte, dass die Fässer ins Krankenhaus gebracht werden – noch heute!«

»W-wie bitte? Der Limonensaft? Aber es wurde kein Limonensaft bestellt. Ich habe im Essensplan des Krankenhauses nachgesehen.«

»Genau das ist der Punkt!«, herrschte sie ihn an. »Er steht nicht auf dem Speiseplan, obwohl das dringend nötig wäre! Haben Sie je daran gedacht, im Krankenhaus nachzufragen, ob man den Saft vielleicht brauchen könnte? Nein! Und währenddessen sterben bei uns Männer und Jungen an Vitaminmangel, weil sie kein Obst bekommen!«

Der Offizier versuchte die Situation wieder in die Hand zu bekommen: »Wir haben unsere Vorschriften, Miss«, sagte er steif. »Wenn Sie also mit einem ausgefüllten Bestellformular wiederkommen, von Major Sillery unterschrieben ...«

»Lassen Sie mich eines klarstellen«, unterbrach ihn Florence Nightingale. »Dieser Limonensaft hat drei Monate lang in ihrem Lagerhaus gelegen, während Männer gestorben sind. Ich werde nicht einen einzigen Tag länger warten. Ich möchte den Limonensaft innerhalb einer Stunde im Krankenhaus haben – oder Sie sind Ihren Job los!«

Robbie war völlig außer Atem, als die beiden wieder oben auf dem Hügel angekommen waren. Jetzt versuchten sie ihre steifen Finger an dem kleinen Heizöfchen in Miss Nightingales Büro aufzutauen. »Es ist alles meine Schuld«, sagte er traurig.

Florence fasste ihn am Kinn und schaute ihm geradewegs in die Augen. »Nein, es ist nicht deine Schuld, Robbie. Wenn du mir letzten Dezember von dem Saft erzählt hättest, wäre das natürlich sehr nützlich gewesen. Aber das ich mich nur auf das stützen kann, was ein Zwölfjähriger zufällig mitbekommt, ist nicht die Art und Weise wie das Arbeiten hier eigentlich ablaufen sollte. Ich bin vom britischen Parlament hierher geschickt worden, um die Pflege unserer kranken und verwundeten Männer zu verbessern. Beispielsweise war es meine Aufgabe, die Pflege durch Krankenschwestern bei der Armee einzuführen. Aber wie du weißt, dauert es lange, wenn sich in der britischen Armee etwas verändern soll. Man hat schon so lange alles auf die alte Weise gemacht, dass keiner mehr merkt, dass es so nicht mehr funktioniert.«

Sie ging hinüber zu ihrem Schreibtisch und setzte sich. »Vielleicht ist es auch ganz gut, dass das jetzt passiert ist«, sagte sie leise, mehr zu sich selbst. »Das ist ein gutes Beispiel für die Zustände mit denen meine Krankenschwestern und ich zu kämpfen haben.« Sie nahm Papier, Tinte und einen Federhalter heraus. »Robbie, kannst du in einer Stunde noch einmal hierher kommen? Ich werde Sidney Herbert einen Brief schreiben und ihn bitten, eine offizielle Kommission vom Kriegsministerium herzuschicken. Die Herren sollen sich doch einmal ein eigenes Bild von den Zuständen in diesem Krankenhaus machen. Ich werde ihn auch bitten, einen neuen Koch zu schicken!«

***

»He Robbie! Die Lady möchte dich sehen – schnell, schnell.« Ein Soldat, der einen Arm in der Schlinge trug, hatte seinen Kopf durch die Tür geschoben. Robbie und William waren auf der Station, die sie mit achtzehn anderen Männern teilten.

William war wieder krank und Robbie versuchte, so viel Zeit wie möglich mit seinem Freund zu verbringen. Heute spielten sie mit Strohhalmen auf der Holzplattform, die gleichzeitig ihr Bett war. Wer den kürzesten Strohhalm zog hatte verloren. Das war ein einfaches Spiel und William musste sich nicht über Gebühr anstrengen. Er hatte sehr wenig Kraft.

Robbie sah seinen Freund an. Was wollte Miss Nightingale wohl so Dringendes von ihm? Er hatte die Botengänge heute Vormittag alle erledigt und für die abendlichen Rundgänge durch die Stationen war es noch zu früh.

William zuckte die Achseln. »Geh lieber. Ist schon in Ordnung. Bin sowieso ein bisschen müde.« Er ließ sich träge zurücksinken und Robbie sah beunruhigt wie er sich in seine Uniformjacke quälte und sie dann mit einer Hand zuknöpfen wollte.

Robbie marschierte durch die endlosen Flure bis zum Schwesterntrakt. Drei fremde Herren standen in Miss Nightingales Büro. Alle drei waren gut gekleidet im Cut, mit passender Weste und dunklen Hosen.

»Wie schön Robbie, da bist du ja«, begrüßte Miss Nightingale ihn, als er unschlüssig im Türrahmen stehen blieb. »Das ist Dr. Sutherland.« Sie deutete auf den ältesten der drei Gentlemen, einen etwa sechzig Jahre alten Mann, mit großen Kotletten, grauem Schnurrbart und glattrasiertem Kinn.

»Guten Tag, Robbie«, sagte der Mann und reichte ihm die Hand.

Robbie wurde plötzlich bewusst, dass sein linker Arm nur ein bandagierter Stumpf war. Schnell schob er den Arm hinter seinen Rücken und reichte dem Herrn die Rechte.

»Dr. Sutherland und diese beiden anderen Herren sind hier als offizielle Untersuchungskommission, um die Zustände im Barracks-Krankenhaus zu überprüfen«, erklärte Florence Nightingale. Robbie konnte sich nicht erinnern, dass sie je zuvor so erfreut geklungen hätte. »Aber natürlich brauchen die Herren jemanden, der sie herumführt und ihnen alles zeigt. Keiner kennt sich in diesem Krankenhaus so gut aus wie du, Robbie. Und sie müssen wirklich alles sehen.« Ihr Blick sprach Bände.

Robbie lachte breit. Er würde ihnen schon alles zeigen. Sie würden viel mehr vom Krankenhaus zu sehen bekommen, als wenn Major Sillery oder einer seiner Helfer sie herumführen würde.

Die Runde durch alle Stationen dauerte mehrere Stunden. Dr. Sutherland sagte fast gar nichts, aber seine beiden Begleiter schrieben emsig in kleine schwarze Notizbücher. Sie blieben sehr lange in der Küche. Der Koch und seine Gehilfen waren darüber nicht erfreut, denn sie waren damit beschäftigt, das »Abendessen« für Hunderte von Patienten zuzubereiten.

»Robbie, woher bekommt das Krankenhaus das Trinkwasser?«, fragte Dr. Sutherland, als die Runde durch die großen Flure fast beendet war.

»Unten im Keller ist, glaube ich, eine Zisterne, Sir. Sie wird von mehreren Wasserleitungen gefüllt … kommen Sie, ich zeige es Ihnen.«

Robbie zündete mehrere Lampen an, und ging dann voran, die wackelige Holztreppe hinunter, in den Keller. Er hatte diese Zisterne nur ein einziges Mal gesehen, als er mit William auf Entdeckungstour gewesen war, aber er war sicher, dass er sie wiederfinden würde. Dieser Teil des Kellers war abgetrennt von dem Teil, in dem die Frauen der Soldaten untergebracht waren. Die Gewölbe waren riesig und an den Strohballen und den alten Dunghaufen konnte man gut erkennen, dass die türkische Armee hier oft ihren Stall gehabt hatte, als das Gebäude noch eine Kaserne gewesen war.

Sie fanden die Zisterne, abgedeckt mit einem groben Holzdeckel und halb voll mit übel riechendem Wasser. Das Wasser tropfte aus einer langen Leitung, die

über dem schmutzigen Fußboden lag und dann hinter einer baufälligen Holzwand verschwand.

»Robbie, wir wollen dieser Leitung einmal nachgehen, so weit wir können«, sagte Dr. Sutherland ernst.

Die beiden anderen Männer hielten die Lampen hoch und Robbie untersuchte die Holzwand, bis er einige zerbrochene Bretter fand, die man herausnehmen konnte. Dadurch entstand ein Loch, das groß genug war, das ein Mann hindurchkriechen konnte. Sie fanden die Leitung wieder und im Schein der Lampen gingen sie weiter. An mehreren Stellen war das geschlossene Rohr durch Teile ersetzt worden, die oben offen waren, eben nur eine Rinne.

Der Gestank in diesem Teil des Kellers wurde immer schlimmer – es stank nach Verwesung. Plötzlich stieß Robbie mit dem Fuß an etwas hartes und er blieb stehen. Die Männer hoben die Lampen – und es stockte ihnen der Atem.

Dort über einem langen Teil der offenen Rinne lag ein großer schwarzer Körper mit steifen Beinen, einem langen Hals und einem großen Kopf mit starren Augen. Es dauerte, bis sich alle vom Schock erholt hatten. Dann fluchte Dr. Sutherland leise.

Das Wasser, das im Krankenhaus zum Trinken und zum Kochen verwendet wurde, lief buchstäblich durch den verwesenden Leichnam eines toten Pferdes hindurch.

Ein Koch und ein Gentleman

Major Sillery war sehr wütend. »Dies ist absolut nicht vorschriftsmäßig«, protestierte er laut. »Niemand hat mir gesagt, das eine Kommission vom Gesundheitsministerium mein Krankenhaus überprüfen würde.«

»Richtig«, sagte Dr. Sutherland trocken. »Als Soldat dürften Sie, Herr Major, doch wissen, dass der Umstand der Überraschung bei einer solchen Inspektion unabdingbar ist. Das verspricht, wie soll ich sagen, doch eher die realistische Einschätzung der herrschenden Zustände. Nun, würden Sie jetzt bitte, Ihr medizinisches Personal und die Versorgungsbeamten zusammenrufen, damit ich Ihnen allen meine Ergebnisse mitteilen kann – Miss Nightingale und ihre Krankenschwestern eingeschlossen.«

Die Sitzung wurde eilends einberufen und fand hinter verschlossenen Türen im Zimmer der Krankenhausmitarbeiter statt. Robbie stellte sich in der Nähe der Tür auf und versuchte alles mitzubekommen. Das war nicht schwer, denn Dr. Sutherland hatte eine volle, tiefe Stimme und war jetzt wütend.

»Die sanitären Zustände in diesem Krankenhaus sind schon fast mörderisch!«, donnerte er. Vereinzeltes Gemurmel wurde im Raum laut. »Der Tod von vielen Männern, die hier geheilt werden sollten, war völlig überflüssig und hätte verhindert werden können!«

Wieder wurden Zwischenrufe laut. »Sie vergessen, Dr. Sutherland«, sagte eine sarkastische Stimme, die Robbie bekannt vorkam, »wir haben Krieg und wir arbeiten hier unter den Bedingungen des Krieges. Die Türkei ist nicht das gute alte England.«

Man hörte nervöses Gelächter.

»Nein, Dr. Hall«, schnauzte Dr. Sutherland. »Sie vergessen, dass Miss Nightingale wieder und wieder darauf hingewiesen hat, dass unbedingt bessere hygienische Bedingungen, Sauberkeit und gute Ernährung nötig sind. Ihre Berichte und Anträge wurden grundsätzlich ignoriert.«

Robbie wusste jetzt, wem die Stimme gehörte. Dr. Hall war der Arzt, der ihm die Hand abgeschnitten hatte – ohne Narkose.

»Augenblick bitte, Dr. Sutherland«, meldete sich Major Sillery zu Wort. »Dieses Krankenhaus ist völlig überfüllt mit Kranken und Verwundeten, wie Sie selbst gesehen haben. Unsere Ärzte arbeiten rund um die Uhr, um nur die dringendsten medizinischen Erfordernisse bei den vielen Kranken und Verwundeten zu erfüllen. Wir haben wirklich keine Zeit, uns um Hausfrauenwünsche wie zusätzliche Bettpfannen und Scheuerbürsten zu kümmern.«

Wieder nervöses Gelächter.

»Sie sind völlig im Irrtum, Major!«, donnerte Dr. Sutherlands tiefe Stimme. »Genau diese ›Hausfrauenwünsche‹, wie Sie zu sagen belieben, sind es, die das notwendige Umfeld schaffen, damit unsere Soldaten von ihren Wunden und Krankheiten genesen können. Sie schaden diesen Männern, wenn sie das nicht berücksichtigen!«

Robbie konnte nicht mehr alles hören, was jetzt noch im Zimmer gesprochen wurde, aber in den nächsten Tagen war überall im Krankenhaus emsige Geschäftigkeit im Gange. Türkische Frauen aus Scutari wurden angestellt, um alle Wände zu desinfizieren und die Ratten loszuwerden. Alle Abwasserleitungen wurden mit frischem Wasser durchgespült und desinfiziert. Die kaputten Rohre wurden ersetzt. Das Wasser, das zum Trinken und Kochen gebraucht wurde, wurde zuerst gekocht. Die Anzahl der Toiletten- und Spuckeimer wurde verdreifacht und sie wurden zweimal am Tag geleert.

Florence Nightingale glühte förmlich. Ihre Krankenschwestern und sie selbst lagen auf den Knien und schrubbten Wände und Fußböden und während sie arbeiteten sangen sie. Verbände wurden nun täglich gewechselt. Die Frauen taten das mit sanften Fingern und mütterlichem Zuspruch. Major Sillery traute sich nicht, ihnen auch nur eine Station vorzuenthalten – nicht einmal die Chirurgie.

Der März brachte die ersten Anzeichen des Frühlings im lehmigen, durchgeweichten Städtchen Scutari. Mit dem Frühling kamen auch noch zwei neue Besucher aus England: ein vornehmer französischer Koch, namens Alexis Soyer, den das Kriegsministerium eingezogen hatte. Er hatte in einem bekannten Club als Küchenchef gearbeitet. In seiner Begleitung kam noch sein Sekretär, ein hochgewachsener eleganter Mann, dessen Haut so dunkel war wie eine Sommernacht.

Robbie starrte die beiden atemlos an. Alexis Soyer trug einen blauen Samthut, der schräg auf seinem Kopf saß und ihm ein verwegenes Aussehen gab. Sein

Bart war kurz und lockig und ließ ihn jugendlich aussehen. Sein Sekretär dagegen, korrekt vom Scheitel bis zur Sohle, das schwarze Haar kurz geschnitten, in eleganter Kleidung bis hinunter zu den Ledergamaschen. Vielleicht, dachte Robbie nachdenklich, ist er in Wirklichkeit ein verkleideter afrikanischer Prinz.

»Warum bin ich über Ihr Kommen nicht informiert worden?«, schäumte Major Sillery, und klang wie ein bockiges Kind.

»Ich nehme an, das dies uns vorstellt«, sagte Mr. Soyer milde und reichte dem Kommandanten einen versiegelten Umschlag. Der Major öffnete den Brief und überflog den Text. Gereizt betrachtete er die kleine Gruppe in Miss Nightingales Büro. »Nun gut. Staatsminister Herbert vom Kriegsministerium ist offensichtlich der Ansicht, dass Sie für das Amt eines Kochs hier in Scutari qualifiziert sind. Ich glaube allerdings, dass sie wenige Gemeinsamkeiten mit Ihrem noblen Club in England vorfinden dürften. Aber Befehl ist Befehl. Manche von uns« – er sah Florence Nightingale an – »manche von uns wissen schon, wie sie es anstellen.«

Wieder hatte Robbie die Aufgabe, Alexis Soyer und seinen eleganten Sekretär – sein Name war James Brandy – durch das Krankenhaus zu führen bis hin zur kläglichen Küche. Der angestellte Koch wurde fristlos entlassen und die Hilfsköche mussten sofort die riesigen Töpfe gründlich schrubben. Die Töpfe waren vor kurzem noch zum Fleischkochen und anschließend für Tee benutzt worden, ohne sie zwischendurch zu reinigen. James Brandy fertigte eine Liste der vorhandenen Nahrungsmittel an – ein-

schließlich einiger Säcke und Fässer Grundnah-
rungsmittel und Gewürze, die er aus England mitgebracht hatte. Dann bekam Robbie eine Liste für Major
Sillery, welche Vorräte unverzüglich beschafft werden mussten.

Robbie konnte nie herausbekommen, wie er dieses Wunder zustande brachte, aber das erste Essen, das Alexis Soyer den Tausenden von Patienten servierte, beinhaltete frisches selbstgebackenes Brot und eine dicke Linsensuppe mit getrockneten Tomaten, Karotten, Kartoffeln, Zwiebeln in einer schmackhaften Brühe. Sogar Williams blasses Gesicht leuchtete auf, als der duftende Eintopf in seine Schüssel geschöpft wurde. »Junge, Junge«, murmelte er, tauchte das frische Brot in die Brühe und stopfte es sich in den Mund. Überall auf den Fluren des Krankenhauses konnten Robbie und William hören, wie die Suppe begrüßt wurde: »Hipp, hipp, hurra! dem neuen Küchenchef!«

Florence Nightingale war begeistert vom neuen Speiseplan im Krankenhaus. »Es ist fast wie die Speisung der Fünftausend durch den Herrn Jesus«, lachte sie Robbie glücklich an, als sie eine Woche später ihre nächtliche Runde drehten. »Ich frage mich, wie Soyer es fertig bringt, jeden Tag aus den mageren Armeerationen für so viele so ein wunderbares Essen zu zaubern.«

»William sieht schon viel besser aus«, vertraute Robbie ihr jetzt an. »Er hat nicht mehr so viel Durchfall und Bauchkrämpfe, seit das Trinkwasser sauber geworden ist. Und ich denke, das Essen von Soyer bringt wieder die Farbe in sein Gesicht zurück.«

Selbst völlig überrascht, merkte Robbie, dass er fast geweint hätte. Er hatte nicht einmal vor sich selbst zugegeben, welche Angst er in den letzten Wochen und Monaten gehabt hatte, William zu verlieren. Sein Freund war doch von einer Grippe, Infektion oder Krankheit in die nächste gefallen. Er hatte sich nicht erlaubt darüber nachzudenken, aber die dumpfe uneingestandene Angst war da, als William immer blasser, dünner und teilnahmsloser wurde. Es war dieselbe Angst gewesen, die er in den ersten Wochen um seinen Bruder Peter gehabt hatte. Aber jetzt, wo die Gefahr für William vorüber zu sein schien …

»Ich glaube, Dr. Sutherland und die Untersuchungskommission haben William das Leben gerettet«, flüsterte er tonlos.

Florence Nightingale drückte ihn fest mit einem Arm. »Mindestens«, sagte sie. »Ich glaube, sie haben die ganze britische Armee gerettet.«

***

Robbie stürmte in Florence Nightingales Büro, aber nur der Sekretär von Alexis Soyer war im Zimmer. »Wo ist Miss Nightingale?«, fragte der Junge atemlos.

»Ich habe mich auch schon sehr gewundert, dass sie nicht hier ist«, sagte James Brandy mit seiner ruhigen tiefen Stimme. »Mr. Soyer bat mich, hier auf sie zu warten. Sollen wir zusammen warten?«

Robbie war enttäuscht und verzog sein Gesicht. »Ich weiß nicht, ob ich Zeit habe, zu warten. Wissen Sie … ich habe hier einen Brief!« Er zeigte einen zerknitterten Umschlag. »Miss Nightingale hat mich zum Hafen geschickt, damit ich ihren wöchentlichen Bericht an Sidney Herbert dort zur Post geben konnte. Und ein englischer Kapitän gab mir ein paar Briefe, die fürs Krankenhaus sind. Und … auf einem steht mein Name!«

Er hielt Mr. Brandy den Brief vors Gesicht. Der Mann lächelte. »Ja, tatsächlich, da steht dein Name«, sagte er. »Aber willst du ihn nicht aufmachen?«

Robbie schaute verlegen auf seine Stiefelspitzen. »Meinen Namen kann ich erkennen, aber lesen kann ich nicht.«

»Verstehe«, sagte der Mann. »Möchtest du, dass ich ihn dir vorlese?«

Ein Strahlen überzog Robbies Gesicht. Er gab Mr. Brandy den Brief und schaute genau auf die Worte, während dieser ihm vorlas.

Mein lieber Robbie,

Ich bin so sehr froh, seit ich weiß, dass Du lebst und wohlauf bist. Miss Nightingale hat mir dreimal geschrieben und mir mitgeteilt, wie es Dir geht. Sie sagt, dass Du für sie eine große Hilfe bist. Das macht mein Herz froh, aber ich bin nicht überrascht darüber. Ich weiß doch, dass meine Söhne immer ihre Pflichten gewissenhaft erfüllt und ihrem Vater und mir geholfen haben.

Deine Schwester Margo kann hart arbeiten und ich danke Gott, der uns genug Arbeit gibt, damit wir zurecht kommen. Den Kleinen geht es auch gut, aber sie vermissen ihren großen Bruder.

Was den Verlust Deiner Hand angeht: Es tut mir so leid, mein Sohn. Aber wie Du selbst schon entdeckt hast, ist das nur ein Hindernis, das überwunden werden muss, nicht das Ende der Reise. Und der Verlust Deines Bruders Peter – ich habe keine Worte, um meinen Schmerz auszudrücken. Aber es muss weitergehen.

Ich warte schon auf Deine Heimkehr. Und Dein Ausblei-

ben wird mir leichter, wenn ich bedenke, dass es Dir gut
geht und Du eine große Hilfe für Miss Nightingale bist.
Bleib dort, solange Du gebraucht wirst.

In Liebe Deine Mutter
Sally Robinson

James Brandy faltete den Brief und gab ihn Robbie
zurück. »Deine Mama klingt sehr warmherzig. Sie
muss eine großartige Frau sein«, sagte er herzlich.
»Du bist bestimmt sehr stolz.«

Robbie nickte. Ein dicker Kloß saß in seinem Hals.
»Aber William – er ist mein Freund – er wird nie so
einen Brief bekommen. Wissen Sie, er hat keine
Mama.« Robbie wandte sich um und wollte gehen.

»Würdest du gerne Lesen lernen, Robbie? Ich könnte
es dir beibringen.«

Robbie machte langsam kehrt; Überraschung leuchtete in seinen Augen. Er wollte gerade antworten
»Oh ja, bitte, Mr. Brandy«, aber in diesem Augenblick kamen Miss Nightingale, Alexis Soyer und Major Sillery ins Zimmer. Sie führten eine Unterhaltung.

»In den Armeevorschriften steht ›Fleisch pro Person‹«, sagte Alexis Soyer gerade ungeduldig. »Mir
scheint aber, das Fleisch wird nur nach Gewicht auf-
geteilt. Auf diese Weise haben manche Männer
Fleisch auf ihrem Teller, während andere nur Knochen, Sehnen und Fett bekommen!«

»Wie sieht denn ihr Vorschlag nun genau aus,
Mr. Soyer?«, fragte Major Sillery müde.

»Hier, mein Sekretär hat alles genau aufgeschrie-
ben«, sagte der Küchenchef und deutete auf Mr.

Brandy, der ein gefaltetes Blatt aus seiner Aktenta-sche holte. »Würden Sie bitte vorlesen, Mr. Brandy?«

James Brandy entfaltete das Papier und las: »Das Fleisch für die Patienten sollte völlig entbeint sein, alle Fett-, Knorpel-, Sehnen- und Knochenteile soll-ten entfernt worden sein. Erst danach ist es sinnvoll die Portionen ›Fleisch pro Person‹ abzuwiegen.«

Alle Augen richteten sich nun auf Major Sillery. Der Major räusperte sich. »Nun, gut gemeint, ganz sicher. Aber das Vorgehen zu ändern würde bedeuten, dass eine neue Vorschrift nötig wäre, die von den Armee-gremien verabschiedet werden müsste, damit das Fleisch generell vorher entbeint wird.«

»Und wie und wann kann man das veranlassen?«, fragte Florence Nightingale.

Major Sillery sah ihr direkt in die Augen: »Wenn der Krieg vorbei ist«, erwiderte er fest und war ver-schwunden.

Florence Nightingale sah sich im Raum um. »Nun, meine Herren«, seufzte sie, »da sehen Sie, wogegen wir zu kämpfen haben. Aber nicht den Mut verlieren. Wir müssen weiter denken, über dieses Kranken-haus, diese Männer und diesen Krieg hinaus. Was wir jetzt an Erfahrungen sammeln, wird uns nach dem Krimkrieg bei der Schaffung von Reformen un-schätzbar viel wert sein. Also, ich kann, glaube ich, mit Petrus sagen: ›Herr, es ist gut für uns, dass wir hier sind‹ … obwohl ich mich manchmal frage, ob Petrus das auch noch sagen würde, wenn er hier wäre!«

Zurück nach Balaklava

Florence Nightingale sah sehr erschöpft aus. Robbie sorgte sich, denn er sah, wie dünn sie geworden war, und dass sie unter ihren Augen dunkle Schatten hatte. Aber trotzdem schien ihr lächelndes Gesicht noch mehr zu strahlen, als vorher.

»Seit sechs Monaten sind wir hier, Robbie Robinson«, sagte sie Ende April auf dem Weg von Scutari zurück zum Krankenhaus. »Und jetzt endlich bekommen die Patienten die Behandlung, die ihnen schon vom ersten Tag an zustand. Letzte Woche ist übrigens wieder ein Schiff mit zweihundert Verwundeten und Kranken aus der Krim angekommen. Und sie alle wurden gebadet, bekamen die Haare geschnitten, saubere Wäsche und Bettzeug und wurden innerhalb der ersten zwölf Stunden untersucht.«

Robbie nickte. Barracks Hospital schien auch ihm ein völlig anderer Ort zu sein, als dieses fürchterlich stinkende Loch, das er kennen gelernt hatte, an dem schrecklichen Tag im letzten November, als die H.M.S. Andes ihre Last von Sterbenden und Toten aus der Schlacht bei Balaklava abgeladen hatte.

»Vielleicht könnten Sie ein kleine Pause machen – ein kurzer Urlaub«, schlug er vor. Es war ihm sowieso völlig unverständlich, wie eine Frau ein solches Pensum so lange durchhalten konnte. Florence

Nightingale war tagsüber Krankenschwester, dann absolvierte sie die abendlichen Runden durch zwei Krankenhäuser und zusätzlich schrieb sie noch Briefe und Berichte, manchmal bis drei Uhr nachts.

»Urlaub?« Sie lachte kurz auf. »Ich bereite zwar eine Reise vor, aber das dürfte kaum ein Urlaub sein«, erklärte sie mit ernster Stimme. »Am zweiten Mai kehren 420 unserer Patienten zurück an die Front nach Balaklava, wo sie entweder beschossen, oder aufgeschlitzt werden, oder aber sich mit Cholera infizieren, was auch immer von all dem zuerst passiert.«

Eine Zeit lang gingen sie schweigend nebeneinander her, dann begann sie wieder zu sprechen: »Ich würde diese Männer auf dem Weg zurück gern begleiten. Ich habe übrigens vom Kriegsministerium die Erlaubnis erhalten, die Feldlazarette zu überprüfen und Verbesserungsvorschläge zu machen. Der Staatssekretär hat mir offiziell den Titel einer ›Leiterin des weiblichen Pflegepersonals in der Britischen Armee‹ verliehen.« Sie lachte und sah Robbie an: »Würdest du gerne mitkommen? Ich kann immer meine Rechte Hand gebrauchen – außerdem würdest du Mutter Bridgeman wiedersehen!«

Robbie verdrehte die Augen in gespielter Verzweiflung.

Aber einige Tage später, am zweiten Mai, stand er zusammen mit Florence Nightingale an Deck der Robert Lowe und beobachtete, wie Mrs. Roberts, Alexis Soyer und James Brandy an Bord kletterten – und mit ihnen noch Hunderte von Soldaten, die wieder zur Front zurückkehrten.

»Hmpf!«, murmelte Mrs. Roberts und schüttelte ihren grauen Rock aus. Er war beim Klettern auf der Strickleiter etwas zerdrückt worden. »Ich habe gehört, dass dieses Schiff den Spitznamen Robert Slow hat. Ich hoffe, dass es nur Gerede ist. Wie konnte ich mich nur zu dieser Reise direkt in die Höhle des Löwen überreden lassen!« Die mütterliche Krankenschwester schwirrte davon. Sie brummelte etwas von Seekrankheit und Magentee.

Robbie sah ein amüsiertes Zwinkern in Florence Nightingales Augen. Sie wussten beide, dass Mrs. Roberts um nichts in der Welt hätte zurückbleiben wollen. Sie war die Krankenschwester mit der größten Erfahrung und Florence Nightingale verließ sich oft auf ihre vernünftigen und praktischen Ratschläge. Die Pflegedienste in Scutari hatte man der fähigen Schwester Alice übergeben, die eine solche Verantwortung mit fast schon missionarischem Eifer übernommen hatte.

Florence Nightingale hatte außerdem darauf bestanden, dass Alexis Soyer und sein Sekretär mit von der Partie waren, denn sie war der Überzeugung, dass gesunde Ernährung auch für die kämpfenden Soldaten auf der Liste der notwendigen Dinge an oberster Stelle stehen musste.

Sehr hart war der Abschied von William. Manchmal dachte Robbie, dass er vielleicht doch besser in Scutari geblieben wäre. Gegen die Erinnerung an seine letzte Reise über das Schwarze Meer war er machtlos. Er wusste noch genau, wie William damals zwischen Leben und Tod geschwebt hatte. Wollte er wirklich zurück nach Balaklava – wo Peter beerdigt war?

Alle waren überrascht, der Frühlingswind war stark und die Robert Lowe, fuhr am 5. Mai, nach nur drei Tagen in den Hafen von Balaklava ein. Die rückkehrenden Soldaten gingen gleich von Bord. Für die Dauer ihres Aufenthaltes in Balaklava stellte der Kapitän Miss Nightingale sein Schiff als Hauptquartier zur Verfügung. Sie schickte einen Boten zu Lord Raglan, mit der Bitte ihn kennen zu lernen, aber er war an diesem Tag nicht anwesend, sondern besuchte die Truppen weiter im Landesinneren. »Dann möchte ich die Front sehen, die unsere tapferen Männer gegen Sebastopol halten«, sagte sie.

Als sie mit dem Ruderboot am Ufer anlegte, hatte die Nachricht ihrer Ankunft sich schon wie ein Lauffeuer verbreitet. Eine Militärabteilung brachte Pferde und Miss Nightingale bekam eine hübsche Stute, die sie im Damensitz mit gewohnter Grazie ritt. Robbie konnte sich noch erinnern, wie die Nightingale-Schwestern auf dem Gelände des Gutes geritten waren, alle mit teuerster Ausrüstung. Aber das schien eine Ewigkeit her zu sein.

Als die ziemlich große Gruppe aus Zivilisten und Soldaten durch Balaklava trabte, geschah es immer wieder, dass Soldaten winkten und grüßten.

»Gott segne Sie, Miss! Sie sind ein Engel!«, rief ein Soldat voller Gefühl.

»Genau!«, brüllte ein anderer. »Der Engel der Krim!«

Der Ruf lief nun durchs ganze Lager: »Sie ist der Engel der Krim!«

Robbie war froh, dass sie einen genauen Plan für alle Unternehmungen hatten. So konnte er den Gedanken an die Gräber in Balaklava gut zur Seite drängen.

Und außerdem machte es Spaß, in der frischen Frühlingsluft hier auf den Hügeln, zu der russischen Festung zu reiten.

Als sie dort angekommen waren, hörte man immer wieder: »Hipp, hipp, hurra! Hipp, hipp, hurra!« Die Männer an den Kanonen, die auf Sebastopol gerichtet waren, und all diejenigen, die sich rund um den Alliiertenstützpunkt eingegraben hatten, wussten schon, dass Florence Nightingale in der Krim war.

Sie stieg vom Pferd und sprach mit den Männern. »Was bekommen Sie jeden Tag zu essen?«, fragte sie. »Wie bereiten Sie es zu?« Sie war entsetzt bei der Entdeckung, dass die meisten Männer ihr Essen kalt, manchmal sogar roh zu sich nahmen, weil kein Brennstoff oder kein Ofen vorhanden war. Heißer Tee oder Kaffee blieben selbst im Winter leider ein Wunschtraum.

»Hmhm«, brummelte Alexis Soyer und zog sein schwarzes Notizbuch aus der Tasche. Er begann mit schnellen Strichen eine Skizze zu zeichnen. »Ich denke, ein kleiner tragbarer Lagerofen müsste doch möglich sein, wenn man ...« Seine Stimme erstarb und für dem Rest des Tages sah man ihn nur noch mit James Brandy zusammen. Die beiden arbeiteten an dieser neuen Idee.

Als sie wieder zum Schiff zurückritten, glühten Florence Nightingales Wangen förmlich und ihre Augen glänzten. »Das ist nur die viele frische Luft«, erklärte sie und wollte damit den skeptischen Blick von Mrs. Roberts loswerden.

Am nächsten Tag begannen die Überprüfungen der Feldlazarette. Im allgemeinen Krankenhaus von Balaklava wurde die Nightingale-Delegation an der Tür von Dr. Hall empfangen, der von Scutari hierher versetzt worden war.

»Guten Tag, Dr. Hall«, begrüßte Florence ihn höflich und sah ihrem alten Widersacher ins Gesicht: »Wir sind gekommen, um die Krankenhäuser von Balaklava zu überprüfen. Mich würde besonders interessieren, wie die Krankenschwestern organisiert sind, und ob ihre Fähigkeiten wirklich zum größten Nutzen aller eingesetzt werden.«

»Mit welchem Recht?«, fragte Dr. Hall kalt.

Florence reichte ihm das offizielle Schreiben von Sidney Herbert. Dr. Hall überflog den Text und gab das Blatt zurück. »Hier steht, Sie sind Sonderbeauftragte für das Pflegepersonal in der britischen Armee in der Türkei«, sagte er triumphierend. »Meines Wissens gehört die Krim nicht zur Türkei.«

Einen kurzen Augenblick, war Florence aus dem Tritt gebracht. Dann hob sie energisch das Kinn und sagte ernst: »Sie können gegen mich kämpfen oder mit mir zusammenarbeiten. So oder so werde ich meine Überprüfung durchführen und ich habe dazu die Einwilligung des Kriegsministeriums.«

Das Ergebnis der Überprüfung war niederschmetternd. Sogar Robbie konnte erkennen, dass dieses Krankenhaus dreckig war, die Schwestern waren faul und flirteten mit den militärischen Mitarbeitern. Grundlegende Ausstattung fehlte, aber Luxusgegenstände wie silberne Kerzenhalter waren im Speiseraum für Mitarbeiter vorhanden. Dies zeigte deutlich Dickfelligkeit und verschwenderische Überheblichkeit.

Während der Runden durch das zweite Krankenhaus, das »Sanatorium« genannt wurde, sah Robbie einen kleinen Jungen, fünf oder sechs Jahre alt, dessen Kopf dick bandagiert war. »Hallo«, sprach Robbie ihn an, als er neben seiner Pritsche stehen blieb. »Wie heißt du?«

Der Kleine starrte ihn nur an.

Die anderen wollten weitergehen, aber Robbie zögerte. Der Junge war noch so klein – viel zu klein für einen Trommler oder Hornisten. Warum war er hier? Wo waren seine Eltern? Robbie konnte sich noch sehr gut erinnern, wie einsam und ängstlich er gewesen war, so weit weg von zu Hause – bis er Miss Nightingale gefunden hatte.

»Was!«, klang eine vertraute Stimme von der Tür her. »Da hätte ich aber eher die Königin von England hier zu sehen erwartet, als Sie.«

Robbie hob den Kopf. Vor ihm stand Mutter Bridgeman in ihrer langen schwarzen Kutte und sah missbilligend auf Florence Nightingale und ihre Begleiter.

»Guten Tag, Mutter Bridgeman«, sagte Florence höflich. »Wir sind hier, um …«

»Ich weiß, warum Sie hier sind. Um Ihre Nase in meine Angelegenheiten zu stecken, darum sind Sie hier. Nun, dann machen Sie mal weiter … je schneller Sie mit allem durch sind, um so schneller sind Sie wieder weg.« Die Nonne drehte sich um und wollte gehen.

»Warten Sie!«, rief Robbie zu seiner eigenen Überraschung. »Der kleine Junge hier – wer ist das?«

»Ein Feind ist er«, sagte Mutter Bridgeman gereizt. »Russisches Kind – ein Waise. Sein Name ist Peter Grillage. Wurde im Granatfeuer verletzt und dann auf unserer Schwelle abgelegt, damit wir uns um ihn kümmern. Nimmt auch noch ein gutes Bett weg«, schnaubte sie. Dann wandte sie sich um und verschwand.

Robbie wurde den Gedanken an den kleinen russischen Jungen nicht los. Sie besichtigten jetzt den dritten Teil der »Klinik«, in Wirklichkeit eine Ansammlung von Hütten auf den Bergen, die neben Balaklava standen. Man nannte diese Hütten »Berg-Krankenhaus«. Was würde mit dem Kleinen geschehen?

Am Abend als alle wieder auf dem Schiff waren, besprachen Miss Nightingale, Mrs. Roberts, Alexis Soyer und James Brandy bis spät in der Nacht die Pläne für neue Krankenhausküchen. Manche von den Krankenschwestern mussten in jedem Fall gehen, erklärte Florence den anderen. Sie arbeiteten nicht korrekt, waren rüde und rochen nach Alkohol. »Allerdings hat mir die Oberschwester im Berg-Krankenhaus – eine anständige Frau, Mrs. Stewart – im Vertrauen gesagt, dass Dr. Hall ihr das Leben schwer macht. Ich muss mich morgen noch genauer mit ihr unterhalten.«

Aber als Robbie einschlief, die Stimmen der anderen leise im Hintergrund, hatte er doch nur einen Gedanken in seinem Kopf: das verängstigte Gesicht des kleinen Peter Grillage.

***

Starker Regen hatte Balaklava über Nacht in eine Sumpflandschaft verwandelt. Es nieselte immer noch, als Florence Nightingale und ihre Begleiter an Land gerudert wurden. So gut sie konnten drängten sich alle unter zwei großen schwarzen Schirmen. Robbie zog fröstelnd die Schultern zusammen. Er hatte heute zum Grab seines Bruders gehen wollen, aber seine Hoffnung hatte sich in Luft aufgelöst. Nicht bei diesem Wetter.

Die Gruppe machte ihren ersten Halt beim »Sanatorium«, damit Miss Nightingale und Alexis Soyer ihre Pläne für die neue Krankenhausküche mit dem Kommandanten der Klinik besprechen konnten. Während die Erwachsenen über die Einzelheiten berieten, schlüpfte Robbie unbemerkt davon. Er achtete sehr darauf, Mutter Bridgeman nicht über den Weg zu laufen. Nach dem langen Marsch durch die Stationen fand er den kleinen Peter Grillage wieder. Er lag zusammengekauert unter einer dünnen Decke.

»He«, sagte Robbie und lächelte ihn an.

Der Junge starrte Robbie nur mit weit aufgerissenen, angsterfüllten Augen an.

Robbie hockte sich hin und zog sanft die Decke beiseite. Der Junge lag dort ohne Hemd. Seine Rippen stachen aus der Brust. Sein Haar, das unter dem Verband hervorschaute, war völlig verklebt. Aber abgesehen von dem Kopfverband und einigen blauen Flecken und Schrammen schien der Junge keine ernsthaften Verletzungen zu haben.

Robbie streckte seine Hand aus und berührte Peters Schulter. Das Kind zuckte unter der Berührung zusammen. »Ist schon gut«, sagte er beruhigend. »Ich tu dir nicht weh.« Er deckte den Kleinen wieder mit dem stinkenden Tuch zu. Als er sich aber umwandte, um zu gehen, fühlte er plötzlich die kleinen Finger nach seiner Hand greifen. Bitte geh noch nicht, sollte das wohl heißen.

Robbie hatte Angst, von Mutter Bridgeman entdeckt zu werden und schüttelte deshalb seinen Kopf. »Aber ich werde wiederkommen«, lächelte er.

Das allgemeine Treffen ging gerade zu Ende, als Robbie wieder ins Zimmer schlüpfte. Keiner schien ihn vermisst zu haben. »Dann ist es also abgemacht«, sagte Florence Nightingale gerade. »Mr. Soyer wird sich freuen, den Krankenhausköchen, die Grundlagen gesunder Ernährung zu vermitteln, aber ...« Ihre Stimme zitterte. »Aber es muss ...«

Alle sahen sie scharf an, als erneut ihre Stimme abbrach. Sie fasste mit einer Hand nach ihrem Gesicht, das unnatürlich gerötet war. Kleine feuchte Löckchen standen unter ihrer strengen Haube hervor.

Und dann taumelte Florence Nightingale plötzlich und brach zusammen.

Misslungene Täuschung

Sie hat Krimfieber«, erklärte Dr. Hall ernst, nachdem er seine Untersuchung abgeschlossen hatte. Der alte medizinische Offizier war schnell vom Krankenhaus in Balaklava herbeigerufen worden, während Mrs. Roberts der Ohnmächtigen Luft zufächelte.

»Was auch immer das ist«, murmelte Alexis Soyer leise. Der französische Koch hatte Robbie um die Schultern gefasst, was diesem Halt gab, denn seine Knie schienen sich in Wackelpudding verwandelt zu haben.

»Miss Nightingale muss unverzüglich von dem Schiff im Hafen an Land übersiedeln«, fuhr Dr. Hall fort, »und sie muss ins Berg-Krankenhaus, wo sie genügend frische Luft bekommt. Können Sie beiden Miss Nightingale dort hinauf tragen?«

Robbie wollte rufen: »Ich möchte tragen helfen!«, – aber er starrte nur blicklos auf seine fehlende linke Hand. Sogar wenn er erwachsen wäre, könnte er die Bahre nicht mittragen, auf der seine Freundin jetzt lag.

Immer noch regnete es, als Alexis Soyer und James Brandy die Trage anhoben und sie zur Tür hinaus bugsierten. »Der Schirm!«, rief Alexis Soyer gleich. »Jemand muss den Schirm über sie halten!«

Robbie griff nach James Brandys großem schwarzen Schirm und kämpfte darum, ihn mit seiner einen Hand zu öffnen. Er schafft es nicht und so nahm Mrs. Roberts ihm sachte den Schirm ab, öffnete ihn und hielt ihn über die ohnmächtige Florence Nightingale, als der Zug sich langsam über die matschige Straße nach oben zu den Krankenhaushütten in Bewegung setzte. Robbie schlich traurig hinterher.

Schnell war Florence von ihren nassen Kleidern befreit und lag in einer der Hütten im Bett. Mrs. Stewart, die Oberschwester, wurde mit ihrer Pflege beauftragt. Sie begann unverzüglich damit. »Raus!«, ordnete sie an. »Alle raus! Sie werden ihr nicht helfen, wenn sie wie eine Herde herrenloser Schafe herumstehen. Gehen Sie jetzt und kommen Sie morgen wieder!«

Mrs. Roberts wollte protestieren, aber James Brandy und Alexis Soyer nahmen jeder einen ihrer Arme und führten sie zurück zum Hafen, damit sie dort für Miss Nightingale packen konnte. Niemand merkte, dass Robbie oben neben der Hütte blieb. Er setzte sich auf eine kleine, überdachte Treppe, zog die Knie an und schlang die Arme um seine Beine. Stunden vergingen, aber Robbie blieb wach.

»Robbie Robinson? Bist du das?«

Wie im Traum hob Robbie den Kopf und schaute geradewegs in das bärtige Gesicht von William Russel, dem Reporter der London Times.

»Die Nachricht von Miss Nightingales Krankheit hat sich schnell herumgesprochen«, sagte der Journalist, stellte einen Fuß auf die Treppe und stützte sich mit einem Ellenbogen auf das Knie. »Ich bin gerade mit Lord Raglan zurückgekommen und höre im ganzen Lager von nichts anderem. Kannst du mir erzählen, was passiert ist? Wie geht es ihr?«

Robbie starrte den Mann einfach nur an, ohne ihn wirklich zu sehen. »Ich habe gesagt, dass ich immer ihre Rechte Hand sein wollte!«, flüsterte er schließlich grimmig. »Aber … ich konnte nicht helfen, sie zu tragen und … und ich bin nicht groß genug, um den Schirm zu halten.« Tränen liefen über sein Gesicht und er versuchte nicht, sie aufzuhalten.

***

Tag für Tag kämpfte Florence Nightingale gegen ein unerbittliches Fieber; sie schwankte immer zwischen Wachzustand und Bewusstlosigkeit.

Nachdem es schon zwei Tage nicht mehr geregnet hatte, nahm William Russel Robbie mit zu der Stelle, an der die Gefallenen der Schlacht bei Balaklava begraben waren. Der Reporter hatte damals geholfen, sie zu beerdigen. Kein Grabstein stand dort; es war nur ein schartiger Platz, auf dem Winden und Wildblumen wuchsen.

Robbie stand schweigend da. Ein leichter Wind zerzauste sein Haar. Wie hatte Peter gut ausgesehen, in seiner blauen Uniform, stolz im Sattel von Wolfgang, das spöttische Lächeln um die Lippen. Ja, so würde er Peter immer in Erinnerung behalten.

Er drehte sich abrupt um und ging zurück nach Balaklava. »Es gibt einen anderen Peter, der mich jetzt braucht«, sagte er unvermittelt zu William Russel.

Während Florence Nightingale die Schlacht gegen das Krimfieber kämpfte, teilte Robbie seine Zeit auf, zwischen dem Wachen an ihrer Hütte und den heimlichen Besuchen im Sanatorium bei dem kleinen Peter Grillage. Ganz allmählich verloren Peters Augen diesen gehetzten, ängstlichen Ausdruck und sein Gesicht leuchtete auf, wenn Robbie ihn besuchte. Bald waren sie in der Lage, sich durch Zeichensprache zu verständigen. Robbie lehrte Peter auch einige einfache englische Worte.

»Iss!«, drängte Robbie, der frisches Brot mitgebracht hatte, das Alexis Soyer gebacken hatte.

»Hemd«, sagte er und zog ein zu großes, aber warmes Hemd über Peters Kopf und seine Arme. Er hatte es aus dem Vorratsraum geschmuggelt.

»Schsch. Nicht Mutter Dampframme erzählen«, flüsterte er immer, ehe er sich wieder davonschlich.

Die warme Maisonne trocknete nun die letzten Schlammreste weg. Eines Nachmittags sah Robbie mehrere britische Offiziere die Straße heraufkommen und zu Florence Nightingales Hütte gehen. Einer der Soldaten hielt einen großen zappelnden Hund auf dem Arm. »Das ist ein Geschenk von den Soldaten an unsere liebe Lady«, erklärten die Soldaten einer ziemlich verdutzten Mrs. Roberts, die sie an der Tür in Empfang nahm. »Es ist ein prima Welpe. Wir haben alle zusammengelegt und ihn für Miss Nightingale gekauft.«

»Sie sind wohl von allen …!«, schnaubte Mrs Roberts gereizt. »Gar nichts werden Sie! Nehmen Sie ihn weg – und gehen Sie. Husch! Husch!« Sie wedelte mit ihrer Schürze.

Die Soldaten lachten und traten einen Schritt zurück, als die Tür vor ihrer Nase zuknallte. Aber einige Augenblicke später fiel Robbie dem Mann mit dem Hund unter dem Arm ins Auge. »He du! Sechsundachtzigste richtig, Junge?«, fragte er lächelnd mit Blick auf Robbies Uniformjacke. »Du bist unser Mann … hier.« Und er legte den warmen zappelnden Hundekörper in Robbies Arme.

»Passt du für sie auf ihn auf, in Ordnung Junge? Und wenn´s ihr wieder besser geht, dann gibst du ihn ihr, mit lieben Grüßen von den Soldaten.«

***

Da Mrs. Roberts Tag und Nacht in Florence Nightingales Hütte war, konnte der Hund vor ihr gut versteckt werden. Aber Robbie musste Alexis Soyer und James Brandy mit ins Vertrauen ziehen.

»Es ist allein deine Verantwortung«, sagte Soyer milde. »Aber wir werden dein Geheimnis bewahren. Der Hund kann hier bei uns hausen und keiner wird ihn verraten.«

Die beiden Männer und der ehemalige Trommlerjunge waren in einem Zeltlager vor den Toren Balaklavas untergebracht. Während sie alle warteten, dass es Florence besser gehen würde, versuchte Alexis Soyer sein Möglichstes, die Nahrungsmittelversorgung der Patienten in allen drei Krankenhäusern zu verbessern. Er kämpfte zäh gegen die langsamen Mühlen der Armee-Bestimmungen. Die Abende waren seiner neuen Erfindung gewidmet, dem tragbaren Lagerofen, der von zwei oder drei Soldaten draußen auf dem Feld geteilt werden konnte.

Robbie hatte fast ein schlechtes Gewissen, wenn der kleine Welpe jede Nacht unter seine Bettdecke schlüpfte und mit seiner rosa Zunge sein Gesicht leckte. Dies war doch Miss Nightingales Hund und nicht seiner. Er sollte sich auch nicht zu sehr an den kleinen Kerl gewöhnen. Aber jeden Morgen wachten die beiden auf, zusammengekuschelt – ein Knäuel aus Mensch und Hund.

Zwei lange Wochen später war Florence Nightingales Fieber endlich vorüber. Sie war sehr schwach, aber an allem interessiert. Immer noch wachten Mrs. Roberts und Mrs. Stewart streng darüber, dass nur die Ärzte zu ihr hinein durften und kein Besucher. Robbie saß wie vorher neben der Hütte vor der Tür. Eines Tages beobachtete er zwei Reiter, die zum Berg-Kranken-haus unterwegs waren. Sogar aus der Entfernung konnte er sehen, dass der ältere der beiden Männer mit vielen Ehrenabzeichen an der Uniform einen lee-ren Ärmel in seinem Gürtel stecken hatte.

»Lord Raglan, Sir!«, sagte Robbie und rappelte sich hoch, um das Pferd fest zu halten, als der General abstieg.

Mrs. Roberts hätte den General fast nicht in die Hütte gelassen, aber er bestand darauf und blieb dann eine ganze Weile. Als die Tür schließlich wieder geöffnet wurde, hörte Robbie ihn sagen: »Ganz England wird froh sein zu hören, dass Sie wieder gesund und mun-ter sind, Miss Nightingale. Sogar die Königin von England hat auf gute Nachrichten über ihre Wieder-herstellung gewartet. Ich werde noch heute Abend ein Telegramm abschicken.«

Vor der Tür sprach Lord Raglan dann ernst mit Mrs. Roberts. »Wenn ich könnte, würde ich sie sofort zurück nach England schicken, aber davon will sie nichts hören. Das Einzige was ich tun kann, ist darauf zu bestehen, dass sie zurück nach Scutari geht und sich dort sechs Wochen vollständige Ruhe gönnt. Aber nicht im Barracks- Krankenhaus! Ich werde Dr. Hall bitten, alle Vorkehrungen zu treffen, dass sie alle mit dem nächsten Schiff zurückreisen können. Der Rest hängt von Ihnen ab.«

***

Florence Nightingale war gar nicht froh darüber, nach Scutari zurück zu reisen. »Aber wir haben unsere Arbeit hier noch nicht abgeschlossen!«, beschwerte sie sich bei Alexis Soyer. »Die Krankenschwestern sind noch nicht gut organisiert und Ihre Küchenpläne wurden noch nicht umgesetzt.« Aber zum ersten Mal in ihrem Leben war sie zu schwach, um zu widersprechen, und so plante man für sie die Rückreise auf der Jura.

Am Abreisetag wurde Florence Nightingale in einer geborgten Kutsche hinunter zum Hafen gebracht. Alexis Soyer und James Brandy begleiteten sie. Die Jura lag nicht wie die meisten Schiffe draußen im Hafenbecken, sondern war an den Docks vertäut. So war es einfacher, die kranke Frau an Bord zu bringen.

»Mr. Brandy«, sagte Robbie und zog den Sekretär beiseite, »Würden Sie den Hund nehmen und … ihn Miss Nightingale geben, wenn Mrs. Roberts sich nicht zu sehr aufregen kann?« Er drückte die kurze Hundeleine in Brandys Hand.

James Brandy runzelte die Stirn. »Warum ich? Was hast du denn vor?«, fragte er misstrauisch.

»Ich muss noch was erledigen. Fahrt nicht ohne mich ab!« Damit rannte er davon, immer auf das »Sanatorium« zu.

Ärzte und Schwestern kannten den Trommlerjungen inzwischen, aber Robbie ging immer noch vorsichtig durch die langen Gänge. Er wollte nicht zufällig Mutter Bridgeman über den Weg laufen.

Unbemerkt schlüpfte er auf die Station und beugte sich über Peter Grillages Bett. »Komm mit«, flüsterte er und legte einen Finger an seine Lippen. Er kroch neben die Strohmatte und setzte Peter mit der rechten Hand auf seinen Rücken. Der kleine Junge war überraschend leicht. Robbie war erleichtert, dass Peter nicht einen einzigen Laut von sich gab. Der Junge schmiegte sich fest an Robbies Rücken, als der den Rückweg antrat.

Eine Schwester betrachtete die beiden misstrauisch. »Ich mache nur ein paar Übungen mit dem Kleinen«, rief Robbie ihr fröhlich zu. Sie zuckte die Achseln und wandte sich ab. Robbie schlüpfte in den nächsten Gang und durch eine Seitentür nach draußen.

Tausendmal hatte Robbie sich vorgestellt, was er Florence Nightingale sagen wollte, wenn er mit Peter an Bord des Schiffes kommen würde. »Er hat niemanden, verstehen Sie – und Mutter Dampframme kann ihn nicht leiden. Nennt ihn ›den Feind‹. Was soll da aus ihm werden? In Scutari können wir uns um ihn kümmern, und …«

Aber jetzt hatte Robbie Seitenstechen und Peter drohte langsam aber sicher von seinem Rücken zu rutschen. Er stellte den Jungen auf den Boden, nahm ihn an die Hand und die beiden marschierten das letzte Stück bis zu den Docks.

Als die beiden Jungen sich der Jura näherten, lief ein Bote an ihnen vorbei und sprach einen der Matrosen

an. »Hallo da oben«, keuchte der Soldat. »Ich soll diese Briefe dem Kapitän des Schiffes geben, das nach Scutari segelt – ist das die Jura?«

»Tut mir leid, Kumpel«, grunzte der Bootsmann, der die dicken Taue einholte, mit denen das Schiff am Dock festgemacht war. »Die Jura fährt nicht nach Scutari. Wir nehmen direkten Kurs auf England.«

Robbie blieb wie angewurzelt stehen. Hatte er das richtig gehört? Nicht nach Scutari …?

Kurzentschlossen nahm er den kleinen Peter auf den Arm und rannte die Gangway hinauf an Deck. »Mr. Soyer!«, schrie er. »Mr. Brandy! Bringen Sie Miss Nightingale sofort von diesem Schiff herunter! Wir sind getäuscht worden!«

Kriegsbeute

W illst du damit sagen«, fragte William ungläubig, »dass Dr. Hall tatsächlich versucht hat, Miss Nightingale zu täuschen, indem er sie auf ein Schiff bringen ließ, das gar nicht nach Scutari segelte?«

Robbie versuchte gerade William alles zu berichten, was auf der Reise nach Balaklava geschehen war. Die beiden saßen zusammen an einen Grabstein gelehnt, auf dem Friedhof des Barracks-Krankenhauses, der auf einem Hügel oberhalb von Scutari gelegen war. In der Ferne konnten sie die spitzen Türme der Minarette erkennen, die über den glänzenden Kuppeln von Konstantinopel in den Himmel stachen. Ganz in der Nähe spielte Peter Grillage Fangen mit Rousch dem großen schwarzen Hundewelpen.

»Genau«, bestätigte Robbie. »Schätze, Dr. Hall sah darin seine große Chance, Miss Nightingale loszuwerden und ihre Einmischung in Armeeangelegenheiten zu beenden. Vermutlich glaubte er, dass sie zu krank sein würde, um zu fragen, welchen Kurs das Schiff nehmen würde. Hätte ja auch geklappt, wenn ich nicht zufällig diese Unterhaltung gehört hätte,  wobei der Matrose sagte, die Jura würde direkt nach England segeln.«

William schleuderte eine seiner

Krücken in die Luft und lachte, als sie wieder auf die Erde purzelte. »Oh Mann! Ich hätte liebend gern das Gesicht von Dr. Hall gesehen, als er herausfand, dass sein Plan schief gegangen war.« Dann wandte er sich wieder an Robbie. »Aber erzähl weiter – was passierte dann? Und was hat Miss Nightingale dazu gesagt, dass du Peter direkt unter Mutter Dampframmes Nase entführt hast?«

Robbie zuckte die Schultern und grinste. »Zunächst mal waren alle so sehr damit beschäftigt, Miss Nightingale und das ganze Gepäck wieder von Bord zu bringen, dass keiner Notiz davon nahm, dass wir noch einen Passagier hatten. Mr. Soyer fand eine Privatjacht, die irgendeinem englischen Adligen gehörte, Lord Ward hieß der Mann, glaube ich. Der Mann war entrüstet, dass Miss Nightingale so behandelt worden war und stellte gleich sein Schiff mit Kapitän zur Verfügung, um uns alle über das Schwarze Meer zu bringen … und hier sind wir!«

William war eingeschnappt. »Nun komm schon … erzähl was passiert ist. Du lässt jede Menge aus.«

»Na ja, so viel nun auch wieder nicht, ehrlich«, sagte Robbie und pflückte gedankenverloren ein Gänseblümchen aus dem zottigen Gras zwischen den Grabsteinen.

»Peter und ich machten es uns zusammen mit Rousch am Heck des Schiffes gemütlich, bis wir weit genug von Balaklava entfernt waren. Miss Nightingale ging es ziemlich schlecht durch all die Aufregung direkt nach dem schweren Fieber. Alle waren in der Kapitänskabine um sie herum. Aber schließlich kam James Brandy, der mich suchte und als er dann Peter sah, konnte er sich denken, was ich getan hatte. Aber er sagte nicht viel dazu. Schüttelte nur den Kopf und verdrehte die Augen und … Sag mal, hab ich dir eigentlich schon erzählt, dass er mir Lesen beibringt?«

»Robbie Robinson!«, rief William und schüttelte Robbie so sehr am Arm, dass er umkippte. »Du kannst einen auf die Palme bringen. Was hat Miss Nightingale gesagt?!«

»Schon gut, schon gut!«, sagte ein »gekränkter« Robbie, der sich würdevoll aufrichtete und sich wieder am Grabstein anlehnte. »Zugegeben, ich rechnete damit, dass sie böse werden würde. Du weißt ja, wie sie ist. Sie versucht immer innerhalb der Regeln zu bleiben, mit allem was sie tut, auch wenn dadurch ihre Reformen viel langsamer vorankommen. Ich dachte also, ich würde einen Vortrag hören, dass ich erst um Erlaubnis hätte fragen müssen, damit wir Peter mitnehmen konnten und so weiter und so weiter … aber es war komisch. Als Mr. Soyer und Mr. Brandy mit uns beiden vor ihrem Bett standen, schaute sie Peter nur ganz lange an. Dann hob sie ihn auf ihr Bett und sagte wie zu sich selbst: ›Ich denke, nach jeder Schlacht geht die Kriegsbeute an den Sieger.‹ Was denkst du, meinte sie damit?«

***

»Sie kommt! Sie kommt!«, schrie eine der Krankenschwestern. In einem Wirbel aus grauen Kleidern und weißen Schürzen reihten sich die Schwestern zum Willkommensgruß auf. Robbie und William waren ebenfalls zur Stelle und Peter Grillage war von

Mrs. Roberts eigenhändig auf Hochglanz geschrubbt worden.

Florence Nightingale war zur völligen Wiederherstellung zu Gast im Hause von Mr. Sabin gewesen, dem Krankenhauskaplan von Scutari. Sie hatte Rousch, den Hund, zur Gesellschaft mitgenommen. Peter blieb aber im Krankenhaus der Fürsorge von Mrs. Roberts überlassen. Robbie und William gingen mit ihm jeden Tag an die frische Luft und dachten sich allerhand Spiele aus, um den kleinen Kerl zu beschäftigen, wenn Mrs. Roberts im Dienst war.

Robbie hatte Miss Nightingale während ihrer Abwesenheit vom Krankenhaus mehrere Male gesehen, wenn er mit dem Hund trainierte, oder Briefe zum Hafen bringen sollte. Aber vom täglichen Einerlei am Barracks-Krankenhaus wurde sie vollständig abgeschirmt, damit sie wirklich die dringend benötigte Ruhe bekommen konnte.

Als sie nun nach sechs Wochen erzwungener Ruhe ins Zimmer trat, hörte man einige Laute des Erstaunens von den Schwestern. Sie war sehr dünn geworden. Ihr Haar, das man während der Zeit des Fiebers abgeschnitten hatte, wuchs jetzt in mädchenhaften Locken nach. Die dunklen Augen schauten riesengroß aus dem schmalen Gesicht.

»Willkommen, Miss Nightingale!«, sagte Mrs. Roberts herzlich. Ein Chor von Willkommensgrüßen folgte.

Florence lächelte fröhlich und besah die Gruppe dann genauer. »Einige Schwestern fehlen«, sagte sie langsam. »Wo ist Katie Black und … Betsy Horn?«

Schwester Alice trat vor. »Es tut mir leid, berichten zu müssen, dass Miss Black und Miss Horn eines

Abends sehr übermütig waren, während Sie in Balaklava waren. Und … na ja ich musste sie entlassen, weil sie sich mit einigen Soldaten betrunken hatten.«

Florences Augen verdunkelten sich. »Sie haben völlig richtig gehandelt, Schwester Alice. Die beiden kannten die Regeln.«

»Danke, Miss Nightingale!«, sagte nun Schwester Alice. In ihrer Miene machte die Anspannung jetzt der Erleichterung Platz. Die Verantwortung, die sie von Florence Nightingale übertragen bekommen hatte, war mehr gewesen, als die katholische Schwester sich je selbst ausgesucht hätte. Das Lob von ihrer Vorgesetzten machte die Last die sie getragen hatte, im Nachhinein leichter.

Noch eine Schwester trat vor, jung, hübsch … und nervös. Sie räusperte sich und übergab Florence ein gefaltetes Blatt. »D-das ist mein Entlassungsgesuch, Miss Nightingale«, stammelte sie. Dann wurde sie rot. »Ich werde in zwei Wochen heiraten.«

Fünf weitere Schwestern traten vor und überreichten Florence Nightingale ihre Kündigung.

Die erste Krankenschwester räusperte sich erneut. »Wir wissen, dass es eigentlich gegen die Bestimmungen verstößt während eines Einsatzes zu heiraten, und deshalb möchten wir Ihnen ordnungsgemäß Bescheid geben.«

»Nicht, dass wir mit dem Pflegedienst unzufrieden gewesen wären, Miss«, begann eine andere der Fast-Bräute. »Nein, nein. Wir haben so viel gelernt. Es ist nur, dass … nun«, sie kicherte nervös. »Sie wissen ja, wo die Liebe hinfällt …«

Miss Nightingale sah nicht besonders erfreut aus. »Ja, ich weiß Bescheid über die Liebe. Sie kann uns von unserer Pflicht abhalten und uns von der Berufung abziehen, die wir eigentlich haben. Nichtsdestotrotz, geschehen ist geschehen. Ich nehme Ihre Kündigung an und danke Ihnen allen für Ihre Arbeit.«

Bis auf Mrs. Roberts verließen nun alle Krankenschwestern das Zimmer. Florence sank müde auf einen Stuhl. Dann lächelte sie die drei Jungen an, die wie die Orgelpfeifen vor ihr standen: William, der jetzt mit siebzehn schon fast wie ein Mann aussah, stand mit seinen Krücken da. Robbie, einen Kopf kleiner, ein kerngesunder Dreizehnjähriger, abgesehen von der fehlenden Hand. Und dann noch Peter, sechs Jahre alt mit seinem runden Puttengesicht, das nur so strahlte, auch wenn er noch nicht alles verstand, was um ihn herum passierte.

»Meine drei«, murmelte sie. »Was soll nur aus euch werden?«

Jeder von ihnen wurde fest gedrückt und bekam einige türkische Süßigkeiten, die sie vom Markt in Scutari mitgebracht hatte. »Jetzt Mrs. Roberts«, sagte sie dann plötzlich und schob die Jungen zur Tür hinaus, »wollen wir über das Geschäftliche reden. Ich brauche einen genauen Bericht über das, was im Barracks-Krankenhaus vorgeht.«

Peter zog Robbie am Ärmel. Er wollte gern nach draußen, damit er seine Süßigkeiten essen konnte. Robbie schüttelte den Kopf. Konnte sein, dass Miss Nightingale ihn brauchte, um Briefe oder Nachrichten zu befördern. Sie war immer noch nicht wieder ganz bei Kräften. William erbarmte sich: »Ich geh schon mit ihm«, sagte er und schwang sich auf seinen Krücken hinter Peter her.

Hinter der halb offenen Tür hörte man jetzt Mrs. Roberts: »Dummerweise sind viele Krankenhausangestellte jetzt wieder in der Heimat. Major Sillery ist weg, und auch viele von den Ärzten sind nicht mehr da. Die Neuen scheinen völlig desinteressiert an dem zu sein, was wir hier erreichen möchten! Ich wage sogar zu sagen, dass manche Tage so schlimm sind, dass wir genauso gut unsere Sachen packen und abreisen könnten!«

Einen Augenblick lang herrschte Schweigen. Dann sagte Miss Nightingale: »Ach nein, Mrs. Roberts. Weniger zu geben, als jedes Gramm an Kraft, das ich habe, wäre nicht genug. Es wäre nicht das, was Gott von mir erwartet. Gott ist der einzige Herr, den ich anerkenne. Ich bin hier in Scutari Seine Botschafterin; die Arbeit, die ich tue ist Sein Werk. Das ist alles, was ich an Lohn und Ermutigung brauche. Wenn die Arbeit noch nicht vollendet ist, müssen wir einfach weiterbeten: ›Herr, Dein Wille geschehe‹.«

***

Der Sommer hatte sich in Herbst verwandelt, als der neue Krankenhaus-Kommandant am 9. September 1855 ein Telegramm aus Balaklava erhielt. Der Inhalt verbreitete sich in Scutari wie ein Lauffeuer.

Sebastopol ist am 8. September gefallen. Der Sieg ist in unserer Reichweite.

»Der Krieg ist fast vorbei«, sagte William nüchtern. Auf den Fluren hörte man von überall Hurra-Rufe und Gelächter, aber der ältere Junge lachte nicht.

»Freust du dich denn gar nicht?«, fragte Robbie. »Wir können jetzt nach Hause!«

William schluckte. »Das ist es ja. Ich habe kein zu Hause, wo ich hin kann. Das hier« – er sah die gekalkten Krankenhauswände an – »das hier war für mich zu Hause. Mit dir ... und Miss Nightingale ... und dem kleinen Peter.«

Robbie starrte seinen Freund an. Er wusste nicht, was er sagen sollte.

***

Es dauerte noch Monate, bis sich die Alliierten aus der Krim zurückzogen. Wieder segelten britische Militärschiffe mit den Soldaten und Kavalleriepferden über das Mittelmeer. Aber Tausende ließ man dort zurück, in Gräbern ohne Markierung, in einem fremden Land.

Es war schon wieder Frühling im Jahre 1856, als der gemietete Wagen die Straße hinunter zum Dörfchen Wellow rumpelte. »Da vorn, das ist mein Dorf«, sagte Robbie zu seinen Begleitern. Die Aufregung saß ihm in der Kehle. »Aber das da ist Embley – euer neues Zuhause.«

Der Wagen lenkte sein Maultier die schöne breite Auffahrt hinauf, die zu dem großen Haus der Nightingales führte. Klein-Peter und der große schwarze Hund drängelten sich Hals über Kopf aus dem Wagen, während William sich vorsichtig auf seinen Krücken ausbalancieren musste. Langsam ging das merkwürdig aussehende Kleeblatt die Auffahrt weiter hinauf, die Stufen zu der ausladenden Veranda hinauf. Gerade wollten sie den Türklopfer betätigen, da öffnete sich mit Schwung das Portal.

»Oh Mama!«, rief überrascht die dunkelhaarige junge Frau, die geöffnet hatte. »Sie sind da – die Waisen, von denen Flo geschrieben hat! Und … und der Robinson-Junge.«

»Ach du meine Güte«, hörte man eine andere Stimme und eine hübsche ältere Frau gesellte sich zu ihrer Tochter, die immer noch an der Tür stand. Robbie erkannte Florence Nightingales Mutter und ihre Schwester Parthenope. »I-ich … ach du liebe Zeit. Nun, ich denke ihr kommt besser herein. Äh, Edwin! Würdest du bitte den Hund in den … äh … den Stall bringen. Das wird fürs Erste das Beste sein, denke ich.«

Widerstrebend überließ Robbie dem streng aussehenden Butler die Hundeleine und folgte den beiden Frauen in das verschwenderisch ausgestattete Haus. Er wusste, dass Rousch nicht lange im Stall bleiben würde – nicht, wenn Florence Nightingale ein Wörtchen mitzureden hatte. Seit einem Jahr hatte der Hund auf dem Boden des Büros vor ihrem Feldbett geschlafen.

»Aber wo ist Florence überhaupt?«, fragte Mrs. Nightingale, die immer noch um Fassung rang, nach dem überraschenden Auftauchen der drei Jungen. Sie konnte nicht aufhören Williams fehlendes Bein und Robbies linken Arm anzustarren. »Wir waren sicher, sie würde zuerst eintreffen, damit sie uns erklären könnte – ich meine, der Bericht über ihre Adoption von diesem … William, ja? und dem kleinen Peter hier … nun wir waren alle doch mehr als überrascht.«

»Ich bin sicher, dass sie in ein oder zwei Tagen zu hause sein wird, Madam«, sagte Robbie höflich. »Sie ist nicht mit einem Militärschiff gekommen, weil sie jedes Aufsehen vermeiden wollte, wenn sie hier eintrifft.«

»Aufsehen vermeiden!«, rief Parthenope und lachte schrill. »Da stehen die Chancen eher schlecht, fürchte ich. Ihre Freunde im Kriegsministerium haben ihre Berichte aus der Krim sehr ernst genommen und überall wird über ihre Reformen gesprochen. Ja, kurz vor Weihnachten war ein großer Wohltätigkeitsball – war der nicht ausnehmend schön, Mama? Da wurde Geld gesammelt zur Einrichtung einer Ausbildungsstätte für anständige Krankenschwestern!«

Die Betonung lag auf »anständig«, und Robbie konnte sich noch gut erinnern, wie Miss Nightingale darum gekämpft hatte, den allgemein üblichen Ruf der Krankenschwester zu ändern. Sie wurde nämlich normalerweise als »liederliche Frau« angesehen.

»Sie nennen es ›Nightingale Stiftung‹«, schwatzte Parthenope munter weiter. »Sie warten ja nur darauf, dass Florence wieder nach England kommt, damit sie durch Vorträge und so weiter helfen kann, das nötige Geld hereinzubringen.«

»Mannomann«, raunte William Robbie leise zu. »Sind das gute oder schlechte Neuigkeiten?«

In diesem Augenblick betrat das Hausmädchen den Raum. »Werden die, äh Besucher zum Tee bleiben, Madam?«

»Wie bitte – ja natürlich. Meine Güte«, sagte Mrs. Nightingale ziemlich gereizt. »Ich habe ganz meine Manieren vergessen. Ihr müsst ja alle drei sehr hungrig sein, nach der langen Reise.«

Peter stürzte sich mit Feuereifer auf den frischgepressten Orangensaft, den Kuchen, das Brot und die Butter. Sein Gesicht strahlte und er hatte ganz rote Wangen. Schon jetzt konnte Robbie erkennen, dass die sonst eher unstete Parthenope den Kleinen sehr gern mochte. Aber William schien sich nicht wohl zu fühlen. Er hörte nicht auf sich umzusehen, als ob er nach einem Fluchtweg suchte.

Als die Teestunde zu Ende war, räusperte Robbie sich und sagte, er müsse nun gehen. »Meine Mama und Margo und die beiden Kleinen werden wissen wollen, dass ich zurück bin«, sagte er. »Ich weiß nicht, ob sie meinen Brief bekommen haben, in dem ich meine Ankunftszeit angekündigt habe.« Robbie konnte nicht verhindern, dass ein Anflug von Stolz in seiner Stimme mitschwang, als er »meinen Brief« sagte. Seine Mama würde sich wahnsinnig freuen, wenn sie erfuhr, dass er jetzt lesen und schreiben konnte!

Robbie nahm Peter Grillage liebevoll in den Arm, dann wandte er sich an William. »Wenn Miss Nightingale erst hier ist, wird alles in Ordnung kommen«, flüsterte er seinem Freund zu. »Außerdem wohne ich nur ein paar hundert Meter die Straße hinunter. Und ich werde dich jeden Tag besuchen kommen.«

»Versprochen?«, flüsterte William beschwörend.

»Versprochen«, grinste Robbie.

Robbie konnte seine beiden Freunde auf der Veranda stehen sehen. Sie winkten ihm nach, bis er hinter einer Straßenbiegung verschwand. Dann schulterte er sein Bündel und begann zu rennen. Alles würde jetzt anders sein … ohne Papa … ohne Peter. Ohne seine Hand.

Aber er kam nach Hause.

Mehr über Florence Nightingale

Während einer ausgedehnten Reise quer durch Europa wurde das Ehepaar William und Fanny Nightingale Eltern von zwei Mädchen. Parthenope, die Ältere, wurde in Griechenland geboren. Die zweite wurde nach der italienischen Stadt benannt, in der sie am 12. Mai 1820 geboren wurde: Florenz.

Florence Nightingale wuchs in sehr wohlhabenden Verhältnissen auf: am Stadtrand von London in einem Reigen von Partys und Festen, einem Sommersitz namens Lea Hurst und ausgedehnten Reisen durch Europa. Im Jahre 1837 schrieb sie jedoch folgende Zeilen in ihr Tagebuch: »Am siebenten Februar hat Gott mich angesprochen und in Seinen Dienst berufen.« Aber was für einen Dienst?

Sie erkannte, dass sie sich glücklich und ausgefüllt fühlte, wenn sie sich um die Kranken und Armen der Umgegend von Embley, dem Familiensitz, kümmerte, und nicht wenn sie am Gesellschaftsleben teilnahm.

Als Florence das Alter von vierundzwanzig Jahren erreicht hatte, war sie ganz sicher, dass ihre Berufung darin bestand, sich um kranke Menschen zu kümmern. Aber im Jahre 1840 wurde ein anständiges englisches Mädchen keine Krankenschwester. Krankenschwestern waren damals nur Mädchen für alle schmutzigen Arbeiten in den allgemeinen Krankenhäusern. Reiche Leute mussten nicht ins Krankenhaus gehen. Sie konnten es sich leisten, zu Hause gesund gepflegt zu werden. Und den Krankenschwestern wurde nachgesagt, dass sie tranken und auch sonst einen lockeren Lebenswandel hätten.

Zu diesem Zeitpunkt kam Florence, die immer noch bei ihren Eltern lebte, fast um vor erzwungener Untätigkeit und Langeweile. Sie fragte Samuel Howe, einen amerikanischen Arzt, der die Familie besuchte: »Wäre es unschicklich für ein englisches Mädchen, ihr Leben ganz in den Dienst der Krankenpflege zu stellen?« Er antwortete: »In England gilt alles, was ungewöhnlich ist, als unschicklich. Aber es war noch nie unschicklich oder nicht damenhaft, seine Pflicht für das Wohlergehen des Nächsten zu tun.«

Florence wunderte sich, dass es in der anglikanischen Kirche nichts gab, was den katholischen Schwestern der Caritas ähnlich war. Dies war ein Weg für Frauen, ihr Leben ganz in den Dienst für andere zu stellen. Dr. Howe erzählte ihr von Kaiserswerth in Deutschland, einer Einrichtung, die von Pfarrer Theodor Fliedner gegründet worden war. Die ganze Einrichtung umfasste ein Krankenhaus mit hundert Betten, einen Kindergarten, eine Besserungsanstalt mit zwölf Betreuten, ein Waisenhaus, ein Lehrerkolleg und ein Kolleg für Krankenschwestern, das einhundert Diakonissen ausbildete. Das alles wurde von ständigem Gebet begleitet und getragen.

Schon lange bevor sie den Ort besuchen konnte, wusste Florence genau: Kaiserswerth war ihre Bestimmung.

Im Jahre 1846 reiste Florence mit ihren Freunden Charles und Selina Bracebridge nach Rom. Auf dieser Reise machte sie die Bekanntschaft von Sidney Herbert und seiner Frau Liz, die beide bekennende Christen waren. Sidney Herbert wurde später Staatssekretär im Kriegministerium und war ein Freund und eine große Unterstützung für Florence Nightingale.

Im Alter von dreißig Jahren reiste sie schließlich im Sommer 1850 für zwei Wochen nach Kaiserswerth. Im darauffolgenden Jahr besuchte sie die Diakonie noch einmal für drei Monate. Mit einer neuen Geisteshaltung kehrte sie nach Hause zurück: Jetzt wusste sie, dass sie ihrem eingeschränkten Leben entfliehen würde.

Drei Jahre später übernahm sie ihre erste Stelle als Leiterin eines »Instituts für die Pflege kranker und leidender Damen«. Sie brachte frischen Wind in die Institution und veranlasste einige bahnbrechende Neuerungen: zum Beispiel heißes Wasser, das auf die einzelnen Stockwerke gepumpt wurde; ein Essenslift, eine Klingel für jeden Patienten, mit der die Schwester direkt gerufen werden konnte. Sie achtete sehr darauf, dass alle Patienten aufgenommen wurden, egal welche Weltanschauung oder religiöses Bekenntnis sie vertraten. Die Trägergesellschaft des Instituts hatte die Einrichtung eigentlich nur den Patientinnen öffnen wollen, die Mitglied der Kirche von England waren.

Im März 1854 erklärten England und Frankreich gegenüber Russland den Krieg. Es ging um die Kontrolle über die Krim und Konstantinopel – praktisch das Tor zum gesamten Mittleren Osten. Sidney Herbert, der mittlerweile im Kriegsministerium angestellt war, beauftragte Florence Nightingale mit der Suche nach geeigneten Krankenschwestern, die im Militärkrankenhaus in Scutari helfen sollten. Entschlossen ergriff Florence diese Chance. Mit achtunddreißig sorgfältigst ausgewählten Krankenschwestern kam sie in Scutari an. Nur vierzehn hatten praktische Erfahrung im Pflegerinnenberuf. Die übrigen vierundzwanzig gehörten kirchlichen Organisationen an: katholische Nonnen, evangelische Diakonissen, Schwestern aus der anglikanischen Kirche, die Erfahrungen mit der Cholera hatten. Auch ihre beiden Freunde Charles und Selina Bracebird waren zu ihrer Unterstützung mit von der Partie.

Während des ganzen Krieges musste Florence gegen ein Übermacht an Vorurteilen ankämpfen. Die Armeeärzte mussten davon überzeugt werden, dass es durchaus sinnvoll ist, in Militärkrankenhäusern weibliches Pflegepersonal zuzulassen.

Aber der Krim-Krieg legte schonungslos ein militärisches System offen, bei dem Tausende von Soldaten an Mangelernährung, Krankheiten oder nicht ausreichender Pflege starben. Von dreiundvierzigtausend toten, kranken oder verletzten Männern waren nur siebentausend vom Feind verwundet worden. Die übrigen waren Opfer von Dreck, Chaos und Krankheit.

Als der Krieg beendet war, eroberten die Neuerungen von Florence Nightingale die britische Insel im Sturm. Jetzt wurde sie eine Heldin für ihre Nation. 1860 eröffnete die Nightingale Schule in London ihre Tore. Fünfzehn junge Frauen wollten dort alles über Krankenpflege lernen.

Im Jahre 1910 starb Florence Nightingale schließlich mit neunzig Jahren, während des Schlafes, friedlich in ihrem Bett. Das ganze Leben hindurch hatte sie ununterbrochen an Plänen gearbeitet, wie die Zustände im Gesundheitswesen des Militärs verbessert werden könnten. Denn sie hatte geschworen: »Das, was in der Krim geschehen ist, darf niemals wieder passieren.«

Dave und Neta Jackson

Glaubenshelden

Hardcover

240 Seiten
DM 19,80
Best.-Nr. 255.355

»Vorbilder gesucht!« Diesen stummen
Schrei scheint man bei genauem
Hinhören von vielen Kindern und
Jugendlichen zu vernehmen.

Sie suchen nach Orientierung und
Maßstäben, nach Werten, für die es
sich zu leben und zu sterben lohnt,
nach Menschen, die glaubwürdig
sind.

In diesem Buch werden charakteris-
tische Eigenschaften wie Geduld,
Treue, Mut, Disziplin, Vertrauen,
Dankbarkeit u. a. bekannter und
weniger bekannter Männer und
Frauen wie z. B. William Tyndale,
David Livingstone, Eric Lidell, Gladys
Aylward und Amy Carmichael
vorgestellt. Lebensbilder von »Glau-
benshelden« für Kinder erzählt, die
Mut machen, ein Leben mit Gott zu
wagen, ein Buch zum Lesen und
Vorlesen. – JM 6 -12